Starke Mädchen – Starke Frauen

Madonna

Norma W.

Zümrüt Gülbay

Hélène Grimaud

Sabriye Tenberken

Heidi Klum

Ellena Schubert

Claudia Langer

Caroline Link

Niki de Saint Phalle

Aung San Suu Kyi

Joanne K. Rowling

Bettina Wobig

Dian Fossey

Jessica Angerbauer

Starke Mädchen – Starke Frauen

24 Lebensgeschichten von außergewöhnlichen Mädchen und Frauen, die ihren Weg gehen

Steffi Halm

Franka Potente

Rigoberta Menchú

Waris Dirie

Nora Tschirner

Maria Jepsen

Franziska Edelmann

Michaela Wingert

Ravensburger Buchverlag

Bibliografische Information Der Deutschen Bibliothek

Die Deutsche Bibliothek verzeichnet diese Publikation in der Deutschen Nationalbibliografie; detaillierte bibliografische Daten sind im Internet über **http://dnb.ddb.de** abrufbar.

3 2 1 06 05 04

Texte: Karin Kampwerth, Susanne Kraft
Redaktion: Christiane Burkhardt, München
Gesamtgestaltung: Sabine Dohme, München
Umschlaggestaltung: Eva Bender
Printed in Germany
ISBN 3-473-35767-7

www.ravensburger.de

Inhalt

Madonna – die Frau, die das Pop-Business neu erfand

Kunstfrau mit Kult-Charakter

Madonna

Seit mehr als 20 Jahren beherrscht Madonna das Musikgeschäft wie keine andere – sie ist die wahre Königin des Pop! Doch was ist das Ausschlaggebende für ihren Erfolg? Madonna ist der Superstar, der sich immer wieder neu erfindet: Sie besitzt eine unglaubliche Verwandlungsfähigkeit und ein ausgezeichnetes Gespür für Trends. Ob als verführerischer Vamp oder rätselhafte Asia-Diva: Egal, wie sich die Power-Frau mit den italienischen Wurzeln präsentiert – es wird auf der ganzen Welt nachgeahmt. Trotz ihres teilweise sehr wilden Lebensstils scheint Madonna auch den Spagat zwischen Superstar und fürsorglicher Mutter von zwei Kindern spielend zu schaffen.

STECKBRIEF

NAME	Madonna Louise Veronica Ciccone
GEBOREN AM	18. August 1958
GEBOREN IN	Bay City, Michigan, USA
AUSBILDUNG	Musikstudium an der Universität von Michigan; Tanzausbildung in New York
BERUF	Sängerin, Schauspielerin, Tänzerin
MOTTO	„Es ist wichtig, an das zu glauben, was man tut, und dies leidenschaftlich zu verfolgen.“

Passt denn das zusammen? Auf der einen Seite die liebevolle Mama für Töchterchen Lourdes (geboren 1996) und Sohn Rocco (geboren 2000), auf der anderen Seite der gefeierte Pop-Star. Eine Entertainerin, der es immer wieder gelingt, neue Musik-Trends zu setzen und sich trotz der Kurzlebigkeit der Branche im Pop-Geschäft zu halten? Vielleicht, weil sie mit einer überdurchschnittlichen Portion Temperament ausgestattet ist, das sie von ihrem italienischen Vater Toni Ciccone geerbt hat? In ihrer Kindheit bleibt es ihr allerdings lange verwehrt, ihre Neigungen auszuleben. Die Eltern sind streng katholisch und erziehen ihre sechs Kinder religiös. Wäre es nach dem Willen von Madonnas gleichnamiger Mutter, einer Franko-Kanadierin, gegangen, wäre „Little Nonny“, wie der spätere Superstar liebevoll genannt wird, im Kloster gelandet.

Doch Madonnas Mutter stirbt, als die Tochter gerade fünf Jahre alt ist. Nur drei Jahre später heiratet der Vater seine Haushälterin Joan Gustafson, aus der Ehe stammen zwei weitere Kinder. Die Stiefmutter fordert Disziplin und führt ein strenges Regiment über die Ciccone-Kinder. Madonna muss sich um die Geschwister kümmern und eine streng katholische High School besuchen.

Zeit der Auflehnung

Madonna weiß, dass dieses Leben nichts für sie ist. Mit aller Kraft will sie aus der kleinbürgerlichen Familie ausbrechen. Das schafft sie mit List, Raffinesse und Intelligenz. Ein Test ergibt einen IQ von über 140! So kann sie ihren Vater dazu überreden, dass sie Klavierstunden und Tanzunterricht bekommt. Kein Problem, denn die Musterschülerin bringt stets gute Noten mit nach Hause. Ihre schulischen Leistungen leiden kein bisschen unter den kreativen Hobbys. Besonders

„Ich bedauere nichts, was ich irgendwann einmal getan habe: ‚Je ne regrette rien', um Edith Piaf zu zitieren."

Madonna

PEARL LANG EIN LEBEN FÜR DEN TANZ

Nicht nur Madonna hat ihren Ruhm dem Unterricht von Pearl Lang zu verdanken, sondern auch die Deutsche Pina Bausch, die mit ihrem Tanztheater Wuppertal international Karriere machte.
Pearl Lang (geboren 1922 in Chicago) gehört zu den berühmtesten Tänzerinnen weltweit und ist Gründerin und Inhaberin der angesehenen Pearl Lang Dance Company in New York. Ihre Karriere als Tänzerin und Choreografin begann Pearl Lang im Alter von 20 Jahren in der ebenfalls weltbekannten „Martha Graham Company". Nach zehn Jahren als Solistin gründete sie ihre eigene Tanz-Akademie. Internationales Ansehen verschafften der Amerikanerin vor allem ihre dramatischen Choreografien wie „Rites" oder das Ballett „Falls the Shadow Between". Lang eroberte mit ihrer Kunst schnell den Broadway und feierte mit Musicals große Erfolge. Außerdem wurde sie Lehrerin für Tanz und Ausdruck an der School of Drama der Universität von Yale und der Juillard School of Music.

fasziniert ist das Teenager-Mädchen von ihrem Tanzlehrer Christopher Flynn. Neben dem Tanzunterricht zeigt er der 15-Jährigen nicht nur Museen, Galerien und nimmt sie auf Konzerte mit, sondern führt sie auch in die Welt der Schwulen-Discos in Detroit ein. Doch Madonna bleibt brav und macht erst einmal ihren Schulabschluss. Auf Flynns Drängen hin studiert Madonna an der School of Music der Universität von Michigan, wo er einen Lehrauftrag hat. Sie schafft den Sprung nach New York in das American Dance Center. 1978 wird sie Mitglied der berühmten Pearl-Lang-Dance-Company.

„Meine Kinder sorgen dafür, dass ich keine egoistischen Entscheidungen mehr treffe!“

Madonna

Harte Zeiten

Weil das Geld jedoch hinten und vorne nicht reicht, verdient sich Madonna ein paar Dollar als Aktmodell dazu und tritt sogar in einem Softporno auf, nur um sich ihren Lebensunterhalt irgendwie zu finanzieren. Eine ernüchternde Zeit, denn sie wohnt in armseligen Unterkünften, ist von Geldnöten geplagt und muss erkennen, dass sie von der heiß ersehnten Karriere als Musikerin meilenweit entfernt ist. Auch die diversen Jobs als Background-Sängerin in zweit- und drittklassigen Bands bringen nicht den erhofften Erfolg. Außerdem hat Madonna keine Lust mehr, immer nur in der zweiten Reihe zu stehen. Sie will ganz nach oben und plant ihre Karriere bis ins Detail wie der Manager einer großen Firma. Doch auch das scheint nicht zu klappen: Die von ihr gegründete „The Breakfast Band“, bei der sie sich zwischenzeitlich sogar als Schlagzeugerin versucht, kommt beim Publikum nicht an. Madonna ist eine Kämpfernatur und lässt sich so schnell nicht unterkriegen. Sie startet im Alleingang durch und nimmt ein Demoband auf.

Hits nach Plan

Aber wie soll sie ihre Musik an die richtigen Leute bringen? Ganz einfach: Als Erstes sucht sie sich einen Job in der Danceteria. In den 1980er-Jahren zählt dieser Schickeria- und Avantgardeclub zu den angesagtesten Discos New Yorks. Dort jobbt

1985 macht Madonna Ciccone mit „Like a Virgin" Furore.

sie stundenlang an der Garderobe und verausgabt sich in den Pausen auf der Tanzfläche. Erfolgreich, denn Danceteria-DJ Mark Kamin wird auf die inzwischen 24-Jährige aufmerksam. Kamin, der auch als Musikproduzent arbeitet, hat gute Kontakte zur Plattenindustrie und verschafft ihr den ersten Vertrag mit Warner Brothers. Von da an geht es steil bergauf, 1983 stürmt die erste Single „Everybody" die Spitze der Charts und verkauft sich sensationelle 250 000-mal. Die Warner-Brothers-Produzenten ahnen, dass ihnen ein Glücksgriff gelungen ist, und geben grünes Licht für Madonnas Album-Debüt, das unter ihrem Namen veröffentlicht wird. Es folgen die erfolgreichen Alben „Like a Virgin", „Who's that Girl" und „Like a Prayer" – insgesamt verkauft Madonna weltweit über 130 Millionen Platten und verdient ein Vermögen von geschätzten 1,2 Milliarden US-Dollar.

Madonna – das Kunstprodukt

Zwischen ihren Alben und Hits wechselt sie ihr Image wie andere die Unterwäsche. Dabei setzt sie sich medienwirksam als Sex-Objekt in Szene. Madonna erfindet die Kunstfigur Madonna. Sie wählt genau aus, welche Informationen an die Öffentlichkeit gelangen dürfen und welche nicht. Der Mensch Madonna ist nicht zu fassen: In regelmäßigen Abständen verblüfft sie die Medienwelt mit einem komplett neuen Look, der sie weltweit zum Idol werden lässt. Das findet nicht immer Zustimmung. So bezeichnet Mick Jagger von den „Rolling Stones" Madonna als „Minnie Mouse auf Helium". Das Time

„Die Medien porträtieren mich in dämonischer Weise. Ich werde häufig missverstanden."

Madonna

Magazine bezeichnet sie sogar als „Mischung aus Heidi auf der Alm, Margaret Thatcher (der ehemaligen britischen Premierministerin, die als ‚eiserne Lady' in die Geschichte eingegangen ist) und Mae West (Hollywood-Sex-Göttin der 1920er- und 1930er-Jahre)".

Keine Chance in Hollywood

Doch so sehr Madonna ihre musikalische Karriere ausbaut und durch ihre freizügigen Auftritte einen Skandal nach dem anderen erregt, so wenig klappt es mit der Schauspielerei. Die Filme „Susan – verzweifelt gesucht" (1985), „Shanghai Surprise" (1986) und „Who's That Girl" (1987) floppen gnadenlos. „Dick Tracy" (1990) und „Body of Evidence" (1993) sind alles andere als Renner an den Kinokassen. Nur in ihrer Rolle als Evita Perón in der Verfilmung des Musicals „Evita" (1996) von Andrew Lloyd-Webber kann sie überzeugen. Auch das Privatleben der exzentrischen Diva steht Ende der 1980er-Jahre unter keinem guten Stern.

Ein starkes Team: Madonna und ihr Mann, der Filmregisseur Guy Ritchie

Die Ehe mit Schauspieler Sean Penn, den sie bei den Dreharbeiten zu „Susan – verzweifelt gesucht" kennen gelernt hat, geht durch seine Alkoholkrankheit 1989 in die Brüche.

Die Suche nach einer neuen Identität

Anfang der 1990er-Jahre startet Madonna noch einmal neu durch. Sie gründet mit „Maverick Recordings" ein eigenes Label, nimmt Stars wie Alanis Morisette unter Vertrag und veröffentlicht ihr Album „Erotica", das sie mit dem offenherzigen Fotoband „Sex" promotet. Doch die Öffentlichkeit scheint sich von ihr abzuwenden. Trotzdem ist die Geburt ihrer Tochter Lourdes, die 1996 aus der Verbindung mit Fitness-Lehrer Carlos Leon hervorgeht, den Medien Millionenbeträge wert. Der US-Sender ABC zahlt 1,5 Millionen Dollar für die ersten Bilder. Und die Zeitschrift „Vanity Fair" druckt das Tagebuch von Madonnas Schwangerschaft gegen einen sechsstelligen Scheck ab. Madonna ist plötzlich wieder „in" – durch ihre erneute Verwandlung vom Vamp zur liebevollen Mutter. Plötzlich geht es wieder aufwärts – beruflich wie privat. Madonna nutzt das öffentliche Interesse an ihrer Person. 1998 legt sie mit „Ray of Light" ein Album nach, dessen coole Songs neue Musiktrends setzen und sogar ehemalige Kritiker begeistern.

EIN TAG IM LEBEN VON MADONNA

Bis Mittags schlafen, Champagner zum Frühstück und dann das perfekte Styling vom persönlichen Assistenten, Fototermine und jeden Abend eine andere Party mit Stars und Sternchen? Von wegen. Madonna ist in der Öffentlichkeit Superstar und zu Hause supernormal. So steht sie jeden Morgen um sieben Uhr auf, um ihre Kinder Lourdes und Rocco zu wecken. Wenn Lourdes in der Schule ist, spielt sie mit ihrem Jüngsten, bis die Kinderfrau da ist. Anschließend düst Madonna ins Büro. E-Mails warten darauf, beantwortet zu werden, und um ihre geschäftlichen Belange muss sie sich auch kümmern. Um fit zu bleiben, macht sie im Anschluss daran eine Stunde Yoga mit einem Privattrainer. Mittags fährt Madonna wieder nach Hause, um da zu sein, wenn Lourdes von der Schule kommt, schließlich will sie gemeinsam mit ihren Kindern Mittag essen. Danach ist wieder Arbeit angesagt. Bei so einem gedrängten Terminplan fragen sich viele, wo da noch Zeit für Kreativität bleibt. Doch bei ihren täglichen Yoga-Meditationen hat Madonna so manch gute Idee. Damit kein wertvoller Einfall verloren geht, hat die Pop-Ikone außerdem immer Stift und Notizblock neben dem Bett liegen. Auf diese Weise kann sie ihre Träume, Gedanken und Gefühle jederzeit festhalten. Kreativität ist also auch eine Frage der Disziplin!

WEB TIPP

www.madonnamusic.de
Sämtliche News rund um den Superstar

www.wea.de/artist/2307
Biografie, News, Links und die Musik der Power-Frau

www.madonna-online.ch
Schweizer Fansite in englischer Sprache

Die Diva lässt es privat ruhiger angehen und beschäftigt sich mit verschiedenen religiösen Strömungen – ein Bedürfnis, das sie nach der Geburt ihrer Tochter entwickelt hat. Die Diva denkt über ihr Leben nach und versucht herauszufinden, warum sie beruflich erfolgreich ist, aber in ihrem Privatleben überwiegend Pech hatte. Inzwischen ist sie davon überzeugt, dass Ehrgeiz und Liebe nicht zusammenpassen und Männer Angst vor erfolgreichen Frauen haben. Erfahrungen, die sie in dem Album „Music" verarbeitet. Doch im richtigen Leben findet sie in Regisseur Guy Ritchie nicht nur die ganz große Liebe, sondern auch einen Mann, der ihr gewachsen ist. Im August 2000 kommt Söhnchen Rocco auf die Welt, im Dezember des gleichen Jahres heiraten die beiden.

„Die Unterhaltungsbranche ist ein unbarmherziges Geschäft. Du brauchst eine sehr dicke Haut."
Madonna

Madonna „very british"

Eine Verbindung, die sich sowohl emotional als auch beruflich bewährt, denn Ritchie drehte den viel beachteten Clip zu dem Hit „What it Feels Like for a Girl". Der ist auf jenem Album „Music" veröffentlicht, das in Deutschland zum Nummer-eins-Album und gleichzeitig zu einem von Madonnas Lieblingsalben wird. In einem Interview sagt sie darüber: „Dieses Album deckt fast alle Bereiche meines Lebens ab." Im Gegenzug wirbt Madonna für Ritchies Film „Snatch", indem sie bei jeder Gelegenheit T-Shirts mit entsprechendem Aufdruck trägt. Und wer weiß, vielleicht gelingt es Ritchie, die Schauspielkarriere seiner Frau voranzutreiben. Immerhin singt Madonna den gleichnamigen Song zum Bond-Film „Die Another Day" – vielleicht wird sie eines Tages das neue Bond-Girl. Zumindest ihren Wohnsitz hat Madonna schon in das Land des britischen Geheimagenten 007 verlegt und lebt jetzt mit Mann und Kindern in der Nähe von London auf einem englischen Landsitz. Aber heimisch scheint sie nicht zu werden, sagt sie doch über ihr neues Zuhause: „Mit England verbindet mich eine Art Hassliebe. Denn bloß, weil wir die gleiche Sprache sprechen, heißt das noch lange nicht, dass wir uns ähnlich sind!"

„American Life"

Auch das Verhältnis zur eigenen Heimat ist nicht unproblematisch. Mit ihrem Album „American Life", das im Frühjahr 2003 erscheint, bringt Madonna ein Antikriegsvideo heraus. Zu Zeiten des Irak-Kriegs eine provozierende Angelegenheit – das Video löst einen Skandal aus. Musikalisch gesehen landet Madonna mit diesem Album erneut einen Coup, indem sie Rock, akustische und elektronische Musik auf eine neue, originelle Art miteinander verbindet.

Musikalischer Nachwuchs

Nebenher kümmert sich die geschickte Geschäftsfrau um musikalischen Nachwuchs. So hat sie für ihr Label „Maverick" eine 14-jährige Schwedin namens Amanda unter Vertrag genommen, die sie zu einer ganz Großen im Pop-Geschäft machen will. Und wer weiß? Vielleicht tritt ja auch Lourdes in die Fußstapfen der berühmten Mama. Auf dem internationalen Party-Parkett kennt sich die Kleine ja bereits aus.

SO FUNKTIONIERT DAS POP-GESCHÄFT

Lang, lang ist's her, dass Pop-Stars in schäbigen Hinterhofclubs von Musikproduzenten entdeckt wurden und die Charts stürmten. Heute werden Stars gemacht: Die Talentscouts der Plattenfirmen suchen während eines Castings oder in Fernsehshows wie „Deutschland sucht den Superstar" gezielt nach geeigneten Mädchen und Jungs mit dem „gewissen Etwas". Die künftigen Stars – so wie die Klon-Band „Bro'Sis" – sollen möglichst gut aussehen, Stimme haben und tanzen können. Eine gehörige Portion Selbstbewusstsein ist schon nötig, wenn man sich eine Chance auf die perfekt durchgestylte Karriere erhofft. Trotzdem kommt es immer wieder vor, dass die Charts von Bands oder Solo-Sängern erobert werden, die so eine Schützenhilfe nicht nötig haben. Doch dazu benötigt man viel Durchhaltevermögen, denn oft dauert es Jahre, bis das Demoband von einer Plattenfirma für gut befunden wird.

CD TIPP

Die Alben:

Madonna
1984, Warner Music

Like a Virgin
1985, Warner Music

True Blue
1986, Warner Music

Who's That Girl
1987, Warner Music

You can Dance
1987, Warner Music

Like a Prayer
1989, Warner Music

I'm Breathless
1990, Warner Music

Erotica
1992, Warner Music

Bedtime Stories
1994, Warner Music

Something to Remember
1995, Warner Music

Evita
1996, Warner Music

Ray of Light
1998, Warner Music

Music
2000, Warner Music

American Life
2003, Warner Music

Mit Spaß bei der Sache:
Prof. Dr. Zümrüt Gülbay

Mit 28 Jahren Professorin

Zümrüt Gülbay

Zümy, wie ihre Freunde sie nennen, ist spät dran. Sie trägt Jeans, dazu ein weites weißes Hemd und Pferdeschwanz. So wie sie aussieht, könnte man sie fast für eine Studentin halten. Doch Zümrüt Gülbay ist Jura-Professorin. Bei einem Latte macchiato erzählt die junge Türkin, wie sie ihren Traum verwirklicht hat und wie ihre Pläne für die Zukunft aussehen.

STECKBRIEF

NAME	Zümrüt Gülbay
GEBOREN AM	25. März 1970
GEBOREN IN	Ankara
AUSBILDUNG	Jurastudium, Promotion
BERUF	Professorin für Wirtschaftsrecht, FH Anhalt
MOTTO	„Neugierig sein ist ganz wichtig, Kontakte knüpfen das Allerwichtigste.“

■ *Frau Gülbay, 1973 waren Sie zweieinhalb Jahre alt und sind mit Ihrer Familie von Ankara in den Arbeiterbezirk Berlin-Wedding gezogen. Wie kommt ein türkisches Mädchen aus einfachen Verhältnissen dazu, Jura zu studieren?*

Meine Mutter wollte unbedingt, dass ihre Kinder Karriere machen. Ich sollte Ärztin werden, meine Schwester Krankenschwester, die dritte Staatsanwältin und die jüngste Schauspielerin oder so. Meine Mutter hat uns ganz bewusst von den „Underdogs“ im Wedding fern gehalten. Wir waren richtige Außenseiter und ich habe sehr darunter gelitten.

■ *Wie war das in der Schule?*

Für mich war die Schule ein Spielplatz, der einzige Ort, an dem ich mich nicht kontrolliert fühlte. Mir ist das Lernen nie schwer gefallen. Ich war Stammkunde in der Bücherei, die ich im Grunde leer gelesen habe. Was mich von den anderen nur noch mehr unterschieden hat. Plötzlich wusste ich mehr und konnte mich ganz anders ausdrücken. Ich habe nie mit Puppen gespielt, sondern immer nur gelesen. Kreuz und quer.

■ ***Mit anderen Worten, Sie waren eine Streberin?***
Nein (lacht), ich glaube nicht. Streberin, Türkin – in diese Klischees habe ich nie hineingepasst. Bis heute nicht – ich bin ja auch nicht der typische Prof. Wenn man in keine der üblichen Schubladen passt, ist das problematisch, vor allem wenn man jung ist. Aber ich war eben anders. Und das bringt irgendwann Erfolg. In meiner Kindheit habe ich etwas ganz Entscheidendes gelernt: Selbstbewusstsein. Warum sollten meine Vorschläge schlechter sein als die der anderen?

■ ***Hatten Sie viele Freunde in der Schule?***
Anfangs eher Mädchen, die auch in ihrer eigenen Welt lebten. Und meine Schwestern. Als in der elften die Jungs anfingen,

FRAUEN IN DER WISSENSCHAFT

Frauen auf dem Weg nach oben

Während es immer mehr Studentinnen, wissenschaftliche Hilfskräfte, Doktorandinnen und Dozentinnen gibt, sind in Deutschland nur vier bis zehn Prozent der Professoren weiblich – weit weniger als in Frankreich, England und den USA. Warum ist das so? Viele Frauen haben Schwierigkeiten, Karriere und Familie unter einen Hut zu bringen – nicht zuletzt wegen unzureichender Kinderbetreuungsmöglichkeiten. Außerdem fehlen weibliche Netzwerke und Frauen in Führungspositionen, die Vorbilder und Mentorinnen sein könnten. Hinzu kommt, dass die fachliche Kompetenz von Frauen oft deutlich schlechter bewertet wird. Zümrüt meint: „Oft wird behauptet, Frauen könnten deshalb in Führungspositionen kommen, weil sie andere Fähigkeiten hätten als Männer. Das ist Quatsch. Solange ich noch in keiner Führungsposition bin, muss ich als Frau mit den gleichen Mitteln arbeiten wie ein Mann. Wer ein Projekt organisiert, stellt zwar seine Teamfähigkeit unter Beweis. Aber nur wer das Projekt präsentiert, gilt als gut. Wenn man eine Sache gemacht hat, muss man sich vordrängeln und sie selbst vorstellen. Damit tun sich noch viele Frauen schwer."

„Neugierig sein kostet Kraft. Aber nur so findet man heraus, mit wem man es zu tun hat."

Zümrüt Gülbay

mittelt habe. Als ich anfing zu studieren, gab es noch keine türkische Anwältin in Berlin. Und mir gefiel die Idee, in diesem Beruf jungen Frauen zu helfen, die auch von zu Hause weg wollen. Ich sah mich damals als eine Art weiblicher Robin Hood (lacht). Das Studium habe ich sehr schnell durchgezogen. Bin als Erstsemester einfach in Vorlesungen gegangen, die eigentlich erst viel später dran waren, und habe alle Scheine in den ersten drei Semestern gemacht. Mein Ziel war, nach dem siebten Semester ins Examen zu gehen, und das habe ich dann auch durchgesetzt.

■ *Wie schafft man das: schnell und erfolgreich studieren und nebenher auch noch Geld für den Lebensunterhalt verdienen?*

„Angeben ist wichtig. Frauen stellen ihre Fähigkeiten oft in Frage. Aber es ist der selbstbewusste Umgang mit der eigenen Leistung, der Macher ausmacht."

Zümrüt Gülbay

Wieder mit Glück. Nach der Wende hatten die Leute aus dem Osten einen riesigen Nachholbedarf – auch in Rechtsfragen. Ich habe bereits neben dem Studium für Weiterbildungsinstitute gearbeitet und Vorlesungen in bürgerlichem Recht gehalten. So habe ich mich finanziert und gleichzeitig die erste Lehrbefähigung erworben. Nach dem ersten Staatsexamen habe ich mich dann mit gerade mal 24 Jahren direkt bei der Fachhochschule für Wirtschaft auf eine Dozentenstelle beworben. Normalerweise muss man schon das zweite Staatsexamen in der Tasche haben, um überhaupt eine Chance zu haben. Ich bin trotzdem eingeladen worden, stand vor der Kommission, habe meine Probevorlesung gehalten – und die haben mich genommen. Meine ersten Studenten waren alle älter als ich. Denen ist erst mal die Kinnlade runtergefallen – und mir alle Bücher, als ich zum ersten Mal vor zum Pult gegangen bin. Aber die Neugier war größer als die Vorbehalte. Ich bin eine Dozentin, die sich nicht aus dem Konzept bringen lässt, aber jede Frage zulässt. Die Vorlesungen haben mir viel Spaß gemacht. Mir wurde klar, dass mir diese Arbeit sehr viel bedeutet und dass ich Hochschulprofessorin werden will. Also habe ich unterrichtet, meine Doktorarbeit geschrieben – bis mir dann mit 28 die Berufungsurkunde zur Professorin für Wirtschaftsrecht an der Fachhochschule Anhalt in Bernburg überreicht wurde. Plötzlich war ich die jüngste Professorin Deutschlands.

■ *Sie haben in sehr kurzer Zeit sehr viel erreicht. Wie sehen Ihre Pläne für die Zukunft aus?*

Ich habe vor drei Jahren beschlossen, mir erst mal keine neuen Ziele zu stecken, sondern einfach nur zu leben! Natürlich habe ich Vorstellungen und Wünsche, würde später gern in Integrationsprojekten mitarbeiten. Und ich möchte eine eigene Familie haben. Aber da verlasse ich mich auf meinen Instinkt und auf das, was das Leben mit mir vorhat. Ich achte immer darauf, was mir gut tut, denn das bringt einen auch voran. Nur ich kann wissen, was mir gut tut. Und solange ich nicht die Rechte anderer verletze, lasse ich mir auch nichts verbieten – von niemandem. Respekt vor anderen und Respekt vor sich selbst – darauf kommt es an!

„Männer können hingehen, wo sie wollen. Nach ein paar Minuten haben sie ein Bier in der Hand und einen interessanten Gesprächspartner neben sich – das sollten wir Frauen ihnen wirklich abgucken."

Zümrüt Gülbay

ZÜMY: SO MACHST DU DEINEN WEG!

- Stärke dein Selbstwertgefühl. Hab genügend Selbstbewusstsein, deinen eigenen Interessen den Vorrang zu geben. Man kann nicht allen Leuten gefallen!
- Konzentriere dich nicht nur auf deinen Körper. Schönsein ist nicht alles!
- Sei stolz auf deine Leistungen und sorge dafür, dass man davon erfährt!
- Geh auf andere Menschen zu! Such dir Verbündete!
- Bleib neugierig! Nur so erfährst du, mit wem du es zu tun hast.
- Schreib auf, was du gut kannst, was dir Spaß macht, was dich fasziniert. Lies dir diese Liste alle halbe Jahre durch, schreib Neues dazu, streich weg, was nicht mehr gültig ist.
- Sammle Artikel und Informationen über Menschen und Berufe, die du spannend findest. Frag deine Eltern und ihre Freunde, wie sie zu ihrem Beruf gefunden haben.

Sabriye schenkt blinden Tibetern eine Zukunft.

Mein Leben in Tibet

Sabriye Tenberken

Tack, tack, tack – eine hübsche weibliche „Langnase" schwingt einen weißen Blindenstock durch das Straßengewirr um die Tempelanlage von Tibets Hauptstadt Lhasa. Sie scheint sich in dem Gewühl auszukennen, wird freundlich gegrüßt und hie und da in eine kurze Unterhaltung verwickelt. Die Augen der jungen Frau sind weit geöffnet, doch sie sehen nichts. Sabriye Tenberken ist seit ihrem zwölften Lebensjahr blind.

STECKBRIEF

NAME	Sabriye Tenberken
GEBOREN AM	19. September 1970
GEBOREN IN	Köln
AUSBILDUNG	Abitur, Studium kurz vor dem Magister in Zentral-Asien-Wissenschaften abgebrochen, um das Blindenzentrum in Tibet aufzubauen
BERUF	Projektleiterin Blindenzentrum Tibet
MOTTO	„Geht nicht gibt's nicht."

„Ein Augenarzt würde wohl sagen, dass ich so gut wie nichts sehe. Vielleicht ein bisschen Licht und Schatten. Doch in meiner Fantasie und in meinen Träumen sehe ich sehr viel mehr. Landschaften in vielen Farben und sogar Gesichter." Sabriye ist eine tatkräftige, fröhliche und selbstbewusste junge Frau, die ihre Blindheit nicht als Behinderung erlebt: „Blinde leiden nicht. Sie leben nicht schlechter als Sehende, nur anders. Mitleid verbitte ich mir. Das ist Arroganz. Das ist entwürdigend und schwächt."

Allen Widerständen zum Trotz

Klare Worte und eine kämpferische Haltung, die deutlich machen, dass Sabriye weiß, was sie will, und das auch durchsetzt. Gegen alle Widerstände. Auf Widerstände ist sie in ihrem Leben oft gestoßen. Als Kind, als sie die einzige Sehbehinderte auf einer normalen Grundschule ist und weder lesen noch schreiben lernt. Deshalb wird sie von ihren Mitschülern oft gehänselt. Damals ist sie häufig wütend und fühlt sich gedemütigt. Erst als sie mit zwölf Jahren auf eine spezielle Blindenschule kommt, erfährt sie, was alles möglich ist in einer Welt, in der jemand das Licht ausgedreht und vergessen hat, es wieder anzumachen: Sie lernt die speziell für Blinde entwickelte Braille-Schrift, spielt Klarinette, fährt Ski, Kanu, reitet, spielt Theater – lebt ein erfülltes Leben voller Möglichkeiten. Bis das Ende der Schulzeit naht und Sabriye Tibetologie studieren will. Denn Tibet – seine Geschichte, seine Religion, seine Gerüche und Farben – hat sie schon immer fasziniert. „Das kannst du nicht", sagt ihre Lehrerin, als sie 1988 Sabriyes Studienwunsch hört. „Das schlagen Sie sich mal lieber aus dem Kopf", meint ihr Professor, als sie ihm 1996 erzählt, dass sie allein zu Pferd durch China und Tibet reisen will. „Das werden Sie nie schaffen", hört sie ein Jahr später von einer Entwicklungsorganisation, als sie von

Die von Sabriye entwickelte tibetische Blindenschrift

BRAILLE SCHRIFT

Zu Beginn des 19. Jahrhunderts entwickelt der 16-jährige Franzose Louis Braille ein Schriftsystem für Blinde, bei dem die Buchstaben des Alphabets in ein System aus sechs Punkten übertragen werden. 63 verschiedene Kombinationen sind möglich. Als sich Sabriye daran macht, die tibetische Schrift in die Braille-Schrift zu übertragen, sieht sie sich vor eine schwere Aufgabe gestellt: Die tibetische Schrift ist eine komplizierte Silbenschrift, die völlig anders aufgebaut ist als die lateinische. Die Konsonanten können nicht nur nebeneinander, sondern auch über und unter den jeweiligen Hauptkonsonanten gruppiert werden. Dazu kommen die Vokale I, U, E und O. Sabriye löst das Problem, indem sie die tibetische Schreibweise vereinfacht. Mit dem Effekt, dass Sabriye und ihre kleinen Schüler mit ihren Blindenschrift-Schreibmaschinen schneller sind als die Sehenden, die das Diktat mühsam Silbe für Silbe aufs Papier pinseln müssen.

WEB TIPP

www.blinden-zentrum-tibet.de
Offizielle Website von Sabriyes Blindenzentrum

www.tibet-initiative.de
Tibet-Initiative

ihrem Plan erzählt, in Tibet ein Blindenzentrum gründen zu wollen. Widerstände, nichts als Widerstände, die Sabriye zwar wütend machen, sie aber nicht von ihrem Traum abbringen. Während ihres Jahrs als Austauschschülerin in Philadelphia, USA, hat sie erkannt: „Zu begreifen, dass man selbst aktiv werden muss, hat mir das Selbstvertrauen gegeben, in die Welt hinauszugehen und etwas zu bewirken."

Die erste tibetische Blindenschrift

Während ihres Studiums an der Universität Bonn packt Sabriye den Stier sofort bei den Hörnern und entwickelt die erste tibetische Blindenschrift überhaupt. Denn ohne ein geeignetes Lese- und Schreibsystem wäre der Lehrstoff für sie nicht zu bewältigen. Sabriye überträgt das System der Braille-Schrift auf die ganz anders aufgebaute, hochkomplizierte tibetische Silbenschrift und kann den Diktaten bald schneller folgen als die anderen Studenten. In einem aufwändigen Verfahren werden alle Studientexte und Vokabeln in die Braille-Schrift übersetzt. Später entwickelt sie mit einem ebenfalls blinden Mathematiker ein Computerprogramm, das tibetische Texte in die Braille-Schrift überträgt. Für tibetische Blinde eine Sensation: Zum ersten Mal können ihnen mit diesem Programm Bücher und Lehrmaterialien zugänglich gemacht werden. Heute ist Sabriyes Schrift die offiziell anerkannte Blindenschrift in Tibet.

Die politische Situation in Tibet

Mitte des 20. Jahrhunderts war das vormals unabhängige Tibet von China besetzt worden. Die Bevölkerung wehrte sich gegen die Fremdherrschaft, 1959 kam es zu einem Aufstand, der blutig niedergeschlagen wurde. Daraufhin musste Tenzin Gyatso, der 14. Dalai-Lama und Religionsführer des Landes, vor den chinesischen Besatzern nach Indien fliehen. Seitdem setzen sich zahlreiche Initiativen für die Unabhängigkeit Tibets ein und prangern die Menschenrechtsverletzungen an der tibetischen Bevölkerung an.

Blindsein in Tibet

Man weiß, dass in Tibet überdurchschnittlich viele Menschen erblinden. Hier, auf einer Höhe von 3000 bis 5000 Metern, sind sie besonders extremer Sonneneinstrahlung ausgesetzt. Die stark rußenden Öfen in den Hütten der einfachen Landbevölkerung tun ein Übriges. Für die Tibeter ist Blindheit eine Strafe. Blinde, so glauben sie, müssen für böse Taten büßen, die sie in einem früheren Leben begangen haben. Als vermeintlich schlechte Menschen werden sie oft gemieden. Blinde Kinder werden von ihren Eltern ausgesetzt und zum Betteln geschickt. Oder aber man bindet sie in den Hütten fest, weil sich niemand um sie kümmern kann, wenn die Erwachsenen auf den Feldern sind und die Geschwister in der Schule. Sie lernen weder lesen noch schreiben und haben keine Chance auf eine Berufsausbildung.

Eine Vision nimmt Gestalt an

„Vielleicht ist für mich die Welt manchmal schöner, weil ich sie mir in der Vorstellung ausmalen kann."

Sabriye Tenberken

Im Sommer 1997 reitet Sabriye durch Tibet, von Dorf zu Dorf. Sie erzählt allen, dass sie in Lhasa eine Schule gründen will, in der nur blinde Kinder unterrichtet werden. Überall wird Sabriye von Neugierigen umringt, die nicht glauben wollen, dass sie nicht sehen kann, die vorsichtig über die Seiten mit ihrer Blindenschrift streichen, die Sabriye mitgebracht hat, um die Menschen für ihr Vorhaben zu begeistern. Zurück in Lhasa, setzt Sabriye alle Hebel in Bewegung, um das Projekt Blindenzentrum Tibet ins Leben zu rufen. Sie braucht Geld, die Erlaubnis der chinesischen Regierung, ein geeignetes Gebäude, Lehrer und Unterrichtsmaterialien. Wieder hört sie von allen Seiten: „Das schaffst du nie." – „Wie stellst du dir das vor?" – „Dazu fehlt dir die Erfahrung." Aber Sabriye zieht einfach los. Und findet tatsächlich Freunde und Förderer: Der Leiter eines Waisenheims in Lhasa stellt ihr Räumlichkeiten zur Verfügung. Ein deutscher Trägerverein verspricht, sich um die Finanzierung des Projekts zu kümmern. Der Holländer Paul Kronenberg, Globetrotter und Entwicklungshelfer, den Sabriye auf ihren Reisen kennen gelernt hat, kümmert sich

ADRESSEN

Förderkreis Blinden-Zentrum Tibet e. V.
Im Auel 34, 53913 Swisttal-Morenhoven
TELEFON 0 22 26 – 91 34 03
FAX 0 22 26 – 91 34 04

war es gleichzeitig auch ein Anfang. Es war der Beginn einer ganz besonderen Freundschaft und Liebe. Das wussten wir bestimmt. Viel hatte geschehen müssen, damit wir spürten, wie wichtig es war, nicht allein zu sein und einen Menschen um sich zu wissen, dem man alles, auch sein Leben, anvertrauen konnte.“ In Lhasa hält in der Zwischenzeit Sabriyes Mutter die Stellung. Sie lernt eine Frau kennen, die für die Zukunft der Schule noch wegweisend werden wird – Norden, eine junge Lehrerin aus einer alteingesessenen Adelsfamilie. Als Sabriye und Paul endlich zurück nach Tibet können und erfahren müssen, dass sie die Räume des Waisenhauses zum

„Bis zum zwölften Lebensjahr habe ich Gesichter und Landschaften erkannt ... und ich konnte Farben sehen und habe immer sehr viel gemalt.“

Sabriye Tenberken

TIBET – DAS SCHICKSAL EINES LANDES

Mit seinen 1,2 Millionen Quadratkilometern ist Tibet fast dreieinhalbmal so groß wie Deutschland. Im ganzen Land leben allerdings kaum mehr als 2,5 Millionen Menschen, 150 000 davon in der Hauptstadt Lhasa.

Das tibetische Hochland liegt 3000 bis 5000 Meter hoch. Die Berge sind die höchsten der Welt (der Mount Everest ist 8848 Meter hoch). Das Klima ist trocken und windig, die Winter sind extrem kalt. Trotzdem fällt kaum Schnee und es scheint beinahe immer die Sonne.

Die Einwohner Tibets sind überwiegend Nomaden, Bauern oder Mönche. Die vorherrschende Religion ist der Buddhismus. Die höchsten Würdenträger der tibetischen Religion nennt man Lamas.

Sie gelten als Wiedergeburt eines früheren Buddhas oder Lamas.

Der Dalai-Lama ist das geistliche und politische Oberhaupt Tibets.

Derzeit regiert der 1935 geborene 14. Dalai-Lama, Tenzin Gyatso – wenn auch aus dem Exil.

Mit der Machtübernahme der Chinesen 1950 hat Tibet seine Unabhängigkeit verloren. Seither ist die offizielle Landessprache Chinesisch. Die Besetzung des Landes durch China stößt international auf harsche Kritik. China werden unter anderem die Verletzung der Menschenrechte, Verfolgung und Unterdrückung der tibetischen Bevölkerung vorgeworfen.

Ende des Jahres verlassen müssen, stellt ihnen Nordens Familie geeignete Räume in ihrem Stadtpalast zur Verfügung. Und so zieht die Schule noch vor Ende des ersten Jahres aus dem Waisenhaus in den Palast, und Sabriye kann die Zusammenarbeit mit dem Trägerverein aufkündigen. Seitdem trägt sich das Projekt als Privatinitiative.

„Meine Mutter hat immer zu mir gesagt: ‚Wenn du etwas wirklich willst, dann wirst du es auch irgendwie schaffen.'"

Sabriye Tenberken

Das Blindenzentrum Tibet

Mittlerweile werden in der Schule 38 blinde Kinder, Jugendliche und Erwachsene unterrichtet. Die Kinder lernen erst den Umgang mit dem Blindenstock und dann lesen, schreiben, rechnen, Englisch und Chinesisch, bis sie am Unterricht in ihren jeweiligen Heimatgemeinden teilnehmen können. Die Jugendlichen und Erwachsenen werden zu Masseuren und Physiotherapeuten ausgebildet. Ein blinder tibetischer Sänger unterrichtet Gesang und Komposition. Geplant sind Ausbildungen in Landwirtschaft und Viehzucht. So können auch Kinder und Jugendliche, die aus abgelegenen Gegenden nach Lhasa kommen, einen Beruf erlernen, den sie zu Hause ausüben können.

Freude am Leben

2000 erhält Sabriye den Norgall-Preis des International Women's Club und einen Bambi. Sie träumt bereits von neuen Projekten in der Mongolei oder Ladakh. Trotzdem wehrt sich Sabriye dagegen, langfristige Pläne machen zu müssen. Am liebsten lebt sie von einem Tag auf den nächsten. Ihr größter Wunsch? Ein erfülltes Leben, das Spaß macht. Und wie ist es mit dem Heimweh, der Sehnsucht nach Deutschland, ab und an? „Manchmal sehne ich mich nach einer gewissen Sicherheit, nach verlässlichen Regeln – und vielleicht auch nach einer heißen Dusche."

Sabriye mit ihrem Freund Paul Kronenberg

„Das Mädchen von nebenan": Top-Model Heidi Klum

Ihre Welt ist die Mode

Heidi Klum

Manchmal sind es tatsächlich die berühmten Zufälle im Leben, die aus dem hübschen Mädchen von nebenan einen Star in der Modewelt machen. Heidi Klum hat es aus der Provinz an die Spitze internationaler Top-Models geschafft – und das nur, weil sie von einer Freundin überredet wurde, an einem Model-Wettbewerb des Fernsehsenders RTL teilzunehmen.

STECKBRIEF

NAME Heidi Klum
GEBOREN AM 1. Juni 1973
GEBOREN IN Bergisch Gladbach
AUSBILDUNG Abitur
BERUF Model und Schauspielerin
MOTTO „Nachdem ich den Wettbewerb ‚Model 92' gewonnen habe, bin ich trotzdem vernünftig geblieben. Statt ein Angebot in Miami anzunehmen, hab ich erst mal mein Abi gemacht."

Macht Sauerkrautsuppe schön? Offensichtlich, denn dieses Geheimrezept ihrer Mutter gehört zu Heidi Klums Leibspeisen, die sie sich sogar tiefgefroren nach New York nachschicken lässt. In der amerikanischen Metropole hat das Top-Model ein neues Zuhause gefunden. Von hier aus jettet sie mit den berühmtesten Fotografen um die Welt, um sich für die angesagtesten Modemagazine ablichten zu lassen. Ein absoluter Traumberuf! Und das für ein Mädchen, das trotz aller Berühmtheit immer die Nette von nebenan geblieben ist. Mode-Experten rund um den Globus haben sich bereits den Kopf über ihr Erfolgsrezept zerbrochen. Denn das „German Girl" Heidi Klum hat weder das Exzessive einer Naomi Campbell noch die Grazie einer Claudia Schiffer, vom Glamour einer Tatjana Patitz ganz zu schweigen. Dafür aber einen kurvenreichen Körper, der sie eigentlich für die besten Jobs auf den Laufstegen disqualifiziert. So sagt sie selbst: „Ich bin zu füllig, ich habe zu viel Busen und zu viel Hintern. Und zu klein bin ich auch. Ich passe nicht ins Schema." Und trotzdem lieben vor allem die Amerikaner ihre Heidi, von der sie auf den Titelblättern der Top-Zeitschriften gar nicht genug bekommen können. Talkshows, bei denen Heidis Name auf der Gästeliste steht, haben die besten Einschaltquoten, Soaps mit Gastauftritten von Heidi schlagen alle Rekorde, selbst in Filmen will man sie sehen – und das, obwohl zahlreiche Model-Kolleginnen mit Filmkarrieren kläglich gescheitert sind. Was also ist dran an Heidi Klum?

Das Gewinner-Girl

18 Jahre lang führt Heidi Klum das Leben eines ganz normalen Mädchens. Wohl behütet wächst sie in Bergisch Gladbach in der Nähe von Köln auf, die Mutter ist Hausfrau, der Vater arbeitet beim Kosmetikkonzern 4711. Die eher durchschnittliche Schülerin besucht das Gymnasium, hat Spaß mit ihren Freundinnen, ärgert sich über Pickel, verliebt sich in Jungs – und träumt davon, Modedesignerin zu werden. Bis sie von einer Freundin überredet wird, am Model-Wettbewerb teilzunehmen, den die Zeitschrift „Petra" und die TV-Show „Gottschalk" auf RTL ausgeschrieben haben.

„Viel Schlaf und gesunde Ernährung sind für mich das A und O. Ich versuche, täglich drei Liter Wasser zu trinken. Diäten sind nichts für mich und bei Süßem sage ich gerne Ja."

Heidi Klum

Der verhängnisvolle Opel Corsa ...

Eigentlich will Heidi gar nicht. Doch als sie davon hört, dass als Preis ein roter Opel Corsa winkt, macht sie mit. Der Hauptgewinn, ein dreijähriger Model-Vertrag mit einem garantierten Mindestverdienst von 300 000 Dollar, interessiert Heidi weniger. Abgesehen davon rechnet sie sich sowieso keine Chancen aus. Umso überraschter ist die 18-Jährige, als sie zu den 45 Mädchen gehört, die aus immerhin 25 000 Bewerberinnen zu der Abendshow von Thomas Gottschalk eingeladen werden. Das Publikum reagiert begeistert auf die Schönheit und wählt sie zur Wochen- und schließlich zur Monatssiegerin. Am 29. April 1992 hat Heidi ihren ersten großen Tag – sie wird von einer prominenten Jury zur Gewinnerin des Wettbewerbs gekürt. Und ist beinahe traurig, dass sie statt des ersehnten Opel Corsa den bis dahin bestdotierten Vertrag eines Model-Contests in der Tasche hat. Trotzdem bleibt Heidi bodenständig und wirft nicht gleich ihr ganzes bisheriges Leben über Bord. Bevor es in die weite Welt geht, muss erst noch das Abi-

WEBTIPP

www.heidi-klum.de
Offizielle deutsche Heidi-Site mit allen Infos und News über das Top-Model. Dazu gehört auch ein Forum, in dem sich Heidi hin und wieder höchstpersönlich meldet.

www.model.de
Liste der Agenturen, die sich zu VELMA e. V., dem Verbund lizenzierter Model-Agenturen, zusammengeschlossen haben.

tur her, das sie im Juni 1992 besteht. Spätestens jetzt reizt Heidi die versprochene Model-Karriere so sehr, dass sie einen Ausbildungsplatz als Modedesignerin absagt. Sie besorgt sich einen Anwalt, eine international gültige Krankenversicherung und ein Handy, damit sie von überall Kontakt zu ihren Eltern halten kann.

Aller Anfang ist schwer

Heidi erlebt, was alle Models mitmachen. Denn oft ist das, was vornehm Casting heißt, nichts weiter als eine große Fashion-Fleischbeschau. So rennt auch sie sich die hohen Hacken ab, um von einem „Besichtigungstermin" zum nächsten zu hetzen, bei dem die Redakteure der großen Zeitschriften Models für ihre Mode-Produktionen aussuchen. Dabei geht es weniger darum, was jemand im Kopf hat, sondern darum, wie dieser Kopf und der dazugehörige Körper aussehen. Gesprochen wird auf Castings nur wenig, dafür umso mehr geguckt. Passt das Model gerade in den Trend, hat es eine gute Chance auf den Job. Doch im Vergleich zu ihren Model-Kolleginnen hat Heidi einen entscheidenden Vorsprung: Der bei der TV-Show gewonnene Vertrag mit der New-Yorker Model-Agentur „Metropolitan" sichert ihr schon mal die lukrativsten Castingtermine und ebnet ihr so den Weg zu weltweiter Popularität. Ihre ersten Engagements für einen Katalog führen sie zu Foto-Shootings in ganz Europa und in die USA. Dort gefällt es ihr so gut, dass sie sich in Manhattan ein Apartment mietet. Und weil zu einer großen Karriere immer auch ein bisschen Glück gehört, ergattert sie zusätzlich noch einen Vertrag mit der führenden Model-Agentur „Elite", bei der nur die ganz Großen geführt werden. Von da an modelt Heidi für Kosmetik, Brautkleider, Telefone, taucht in Werbespots und auf den Titelblät-

89-62-90 – das sind die Maße der 1,76 m großen Heidi Klum.

ACHTUNG: FALSCHE FOTOGRAFEN!

Schwarze Schafe gibt es leider auch unter Fotografen und Model-Agenturen. Dabei haben sie bei den jungen Mädchen häufig leichtes Spiel, indem sie die große Karriere versprechen, aber in Wirklichkeit nur abzocken wollen.

Hier ein paar Tipps für den richtigen Start ins Model-Business:

- Finger weg von Fotografen, die dir das Blaue vom Himmel versprechen, wenn man sich leicht bekleidet fotografieren lässt.
- Zahle niemals Geld für „Probeaufnahmen".
- Auch die so genannte Sedcard, eine Mappe mit mehreren Fotos, mit der sich Models bei Redaktionen und Werbeagenturen bewerben, darf keinen Cent kosten. Eine seriöse Agentur finanziert die Sedcard vor. Die Kosten werden später ratenweise von den Model-Honoraren abgezogen. Dasselbe gilt für Reisekosten und sonstige Ausgaben.

tern von Hochglanzmagazinen auf. Fleißarbeit, die sich bezahlt macht. Denn zumindest in den USA gehört Heidis Gesicht ganz schnell zu den bekanntesten der Branche. Doch dass dieses Gesicht auch einen Namen hat, davon erfährt die Welt erst 1998, als Heidis Bild im Badeanzug das Cover der „Sports Illustrated" ziert, ein Magazin, das sich 55 Millionen Mal verkauft. Amerika liegt Heidi zu Füßen, denn sie verkörpert genau das Klischee vom „All American Girl". Dass Heidi aus Bergisch Gladbach irgendwo in Deutschland kommt, scheint dabei niemanden zu stören. Zumindest nicht die Amerikaner, denn sie küren das Model sofort zur „Sexiest Woman of the Year". Was folgt, ist eine unglaubliche Erfolgsstory mit Open End: Heidi Klum modelt für das Trend-Wäschelabel „Victoria's Secret", tritt in der angesagten Talkshow von David Letterman auf, wo sie sogar jodelt, spielt an der Seite von Michael J. Fox in sechs Folgen der erfolgreichen TV-Serie „Chaos City" mit, dreht einen Kinofilm und wird Titelmädchen auf sämtlichen Hochglanzmagazinen – von Amica über Cos-

„Ich habe nie gedacht, ich sehe besser aus als meine Freundinnen. Für uns war eher die Frage wichtig, was wir anziehen oder wie wir uns schminken."

Heidi Klum

mopolitan, Elle, Marie Claire und Vogue bis hin zum Stern. Sie arbeitet mit so berühmten Fotografen wie Peter Lindberg und Ellen von Unwerth und macht unter anderem Werbung für American Express, Givenchy, Kathleen Madden, Nike, Otto, Peek & Cloppenburg und Katjes. 2000 erscheint der erste Heidi-Kalender, 2002 ihre erste Duftserie. Und ganz nebenbei baut sie sich noch eine zweite Karriere als Moderatorin auf.

„Ich denke, ein hübsches Mädchen hat es manchmal schwerer als ein weniger hübsches. Es ist doch so, dass viele Männer gerne schöne Frauen an der Hand haben, nur weil sie dann auch besser aussehen."

Heidi Klum

DAS BRAUCHST DU, UM MODEL ZU WERDEN

Wer sich ernsthaft für den stressigen Model-Job interessiert, sollte folgende Mindestvoraussetzungen mitbringen:

- Mindestalter 15 Jahre, denn vorher erlaubt das Jugendschutzgesetz nur unter strengen Ausnahmeregelungen eine Arbeit vor der Kamera.
- Eine gewisse Mindestgröße: Mädchen sollten mindestens 1,75 m groß sein, Jungs 1,83 m. Diese Größen werden von den Fashion-Firmen vorgegeben, die ihre Kollektionen danach schneidern.

Die richtige Agentur: Im Branchenbuch oder im Internet findest du seriöse Model-Agenturen, die es in allen größeren Städten gibt. In Deutschland sitzen die bekanntesten in den Mode- und Magazinmetropolen München und Hamburg, in der Schweiz in Zürich und in Österreich in Salzburg und Wien. Wenn du in der Nähe wohnst, kannst du dich auch persönlich vorstellen. Es reicht aber auch, wenn du ein qualitativ hochwertiges Foto, auf dem du ganz zu sehen bist, und eine Porträtaufnahme anfertigen lässt. Beides schickst du zusammen mit einem kurzen Lebenslauf an die Agenturen. Die Arbeitsämter verfügen außerdem über einen Künstlerdienst, bei dem du dich ebenfalls bewerben kannst. Auch wer das erforderliche Gardemaß nicht mitbringt, hat hier gute Chancen. Denn an den Künstlerdienst wenden sich in erster Linie Werbeagenturen, die nach neuen Gesichtern für ihre Kampagnen in Zeitschriften und im Fernsehen suchen.

So moderierte sie bereits die Laureus Sports Awards sowie den Sport-Oscar 2001 in Monaco und präsentierte die „Model Mission"-Shows auf MTV.

„Früher hatte ich Probleme mit Pickeln, da haben sie mich ‚Pickelface' genannt."

Heidi Klum

Heidi privat

Neben ihrer Karriere vor der Kamera findet Heidi auch noch privat ihr Glück. Schon vor dem ganz großen Heidi-Hype heiratet sie 1997 mit nur 25 Jahren den 13 Jahre älteren New-Yorker Star-Friseur Ric Pipino. Eine romantische Liebe, die drei Jahre zuvor begann und mit einem filmreifen Heiratsantrag auf dem Empire State Building ihren Höhepunkt fand. Die beiden lieben und leben ohne Skandale und scheinen selbst Heidis anstrengendes Model-Dasein zu überstehen.
Gefragt nach dem Geheimnis ihrer Ehe, erklärt Heidi, dass sie versucht, nie länger als zehn Tage von ihrem Mann getrennt zu sein. Doch trotz aller räumlichen Nähe wächst die Distanz zwischen Heidi und Ric und macht aus zwei Liebenden gute Freunde, die ihre Leidenschaft irgendwo zwischen Mode-Shootings und Werbekampagnen verloren haben.

„The Body": Mit 30 immer noch Weltspitze

Neue Weichen

Im Dezember 2002 gibt das Traumpaar der Fashion-Welt einer überraschten Öffentlichkeit seine Trennung bekannt. Wie ein Befreiungsschlag kommt es da Szene-Beobachtern vor, als sich die einst so brave Heidi mit Skandal-Sänger Anthony Kiedis von der Rockband Red Hot Chili Peppers zeigt. Doch die Affäre ist schnell beendet. Statt für neue Gerüchte zu sorgen, widmet sie sich lieber dem Geschäft und treibt ihre 1998 gegründete Heidi Klum GmbH voran, für die sie Kleidung und Parfüms entwirft. Seit 2003 kreiert sie sogar für die Gesundheitsschlappe Birkenstock eine modeltaugliche Kollektion mit viel Strass und Nieten.

Jessica mit ihrer kleinen Tochter Zoe.

Mit 14 Jahren ein Baby

Jessica Angerbauer

Mehr als 11 000 Mädchen unter 18 Jahren werden jährlich schwanger. 7000 von ihnen brechen die ungewollte Schwangerschaft ab, etwa 4000 entscheiden sich dafür, das Baby zu bekommen. Eine von ihnen ist Jessica. Sie hatte den Mut, Mutter zu werden, obwohl sie erst 14 Jahre alt war. Das bedeutet Windeln wechseln, füttern oder trösten, meist rund um die Uhr, während andere sich mit Freunden treffen und Partys feiern. Wie Jessica das alles erlebt hat, schildert sie in ihrem Schwangerschaftstagebuch.

STECKBRIEF

NAME	Jessica Angerbauer
GEBOREN AM	4. März 1987
GEBOREN IN	Kleve
AUSBILDUNG	Gymnasium
BERUF	Schülerin
MOTTO	„Ich schaff das. Bei uns in der Familie sind alle Kämpfer!"

MÄRZ 2001

Der Tag danach

Mein Kopf dröhnt und mir ist furchtbar schlecht. Ich hätte gestern auf der Party nicht so viel Alkohol trinken sollen. Klar, ich war mit meinem Freund da, und das war eigentlich unheimlich schön. Wir hatten eine Menge Spaß. Bis dann dieser Filmriss kam. Ich kann mich einfach an nichts mehr erinnern. Ob zwischen ihm und mir was gelaufen ist?

Das erste Mal

Na toll, mein Freund hat mir erzählt, dass wir nach der Party zusammen geschlafen haben. Super, mein erstes Mal, und ich kriege nichts davon mit. Ich hab ihn natürlich sofort gefragt, ob er wenigstens ein Kondom benutzt hat. Aber daran hat er auch nicht gedacht. Na ja, beim ersten Mal wird schon nicht gleich was passieren!

APRIL 2001

Erste Anzeichen

Meine Mutter nervt, weil ich ständig Appetit auf Gurken und Negerküsse habe. Na gut, meine Regel ist ausgeblieben. Aber das passiert mir andauernd. Ist doch normal in meinem Alter. Alle meine Freundinnen haben einen unregelmäßigen Zyklus.

Die Beichte

Meine Mutter hat einfach nicht locker gelassen und gefragt, ob ich schwanger sein könnte. Ich konnte nicht anders und hab ihr erzählt, was auf der Party gelaufen ist. Gott sei Dank war sie nicht sauer. Sie will aber, dass ich zum Frauenarzt gehe und einen Schwangerschaftstest machen lasse.

Der Test

Ich bin schwanger! Aber ich bin doch erst 14! Gerade geworden. Nur drei Minuten hat der Schwangerschaftstest beim Arzt gedauert. Und plötzlich ist alles anders. Gut, dass meine Mutter dabei war und mich getröstet hat. Wir haben beide geweint, und Mama hat gemeint, dass das zwar nicht schön ist, aber auch keine Katastrophe. Die Ärztin hat dann noch ein Ultraschallbild gemacht. Dieser kleine Punkt auf dem Monitor soll mein Baby sein! Dabei hat es eher Ähnlichkeit mit einem Gummibärchen. Aber als ich es sah, habe ich mich irgendwie gefreut. Die Ärztin hat gemeint, dass eine Abtreibung kein Problem ist. Für sie war das ganz klar. Sie hat noch nicht einmal gefragt, ob ich das Kind vielleicht bekommen will. Ich hab auf dem Ultraschallgerät doch sein Herzchen schlagen sehen! Nein, ich kann mein Baby nicht töten.

„Meine Freundinnen waren geschockt, dass ich so einen dicken Bauch gekriegt habe. Es wusste ja niemand, dass ich zunahm, weil ich schwanger war!“

Jessica Angerbauer

Der Papa

Wie soll ich das bloß meinem Freund beibringen? Er ist ja auch erst 17 und wird es vielleicht nicht toll finden, Vater zu werden. Außerdem ist Mama supersauer auf ihn. Sie findet, dass er sich total verantwortungslos verhalten hat und dass es ihm nur um seinen Spaß gegangen ist. Ich hab ihm dann einfach das Ultraschallbild unter die Nase gehalten. Süß, er hat auch ein Gummibärchen gesehen, genau wie ich! Nur konnte er im ersten Moment null damit anfangen. Aber dann war er doch ziemlich schockiert, als er gecheckt hat, was ich ihm sagen will. Er hat aber toll reagiert und mir gesagt, dass er es okay findet, wenn ich es behalten möchte. Er hat mich aber gebeten, es niemandem in der Schule zu erzählen. Kein Problem. Mir ist allerdings wichtig, dass er so schnell wie möglich mit seinen Eltern redet. Ich glaube, davor hat er Angst, vor allem vor seinem Vater.

Die Schule

Bei dem Gedanken, wieder in die Schule zu gehen, war mir ganz schlecht. Als ich dann vor dem Unterricht auf den Pausenhof kam, hat mich eine meiner Freundinnen auf die Seite gezogen. Sie hat mich direkt darauf angequatscht, ob das stimmt, dass ich schwanger bin? Ups. Mein Freund hatte alles weitererzählt. Ich war total enttäuscht und wütend und hab ihn natürlich zur Rede gestellt. Er hat versucht, sich zu rechtfertigen, und meinte, er hätte einfach mit jemandem darüber reden müssen. Aber ich verzeihe ihm, weil ich ihn liebe.

Wegen ihrer Entscheidung für das Baby muss sich Jessica so einiges anhören.

MAI 2001

Die Lehrer

Ich kann nicht mehr länger warten. Ich muss meiner Klassenlehrerin sagen, dass ich ein Baby bekomme. Vor allem, weil ich die volle Dosis von dem mitbekomme, was man immer so über Schwangerschaften hört. Morgens ist mir wahnsinnig übel, ich muss mich ständig übergeben. Mein Kreislauf ist meistens im Keller. Außerdem wächst mein Bauch schon ganz schön. Der Arzt sagt, das liegt daran, dass ich so klein und zierlich bin. Am Anfang der Schwangerschaft habe ich bei einer Größe von

1,56 m nur knapp 39 Kilo gewogen. Da fällt jedes Gramm mehr gleich auf. Meine Lehrerin war zwar schockiert, aber gleichzeitig fand sie es mutig, dass ich mich traue, das Baby zu bekommen. Sie hat mir versprochen, alles so zu regeln, dass ich bis zum Beginn des Mutterschutzes sechs Wochen vor der Geburt in die Schule gehen kann. Mein Freund war bei dem Gespräch dabei, aber als ich auch noch zum Schuldirektor gehen wollte, hat er gekniffen.

UNGEWOLLT SCHWANGER! WAS TUN?

Jessica hat sich für ihr Kind entschieden. Aber sie versteht auch jedes Mädchen und jede Frau, die der Belastung nicht gewachsen sind und sich zu einem Schwangerschaftsabbruch entschließen. Vor allem, weil sie weiß, dass man auch als aufgeklärtes Mädchen ungewollt schwanger werden kann. Ein Schwangerschaftsabbruch ist in Deutschland bis zur zwölften Woche erlaubt. Vorausgesetzt, das Mädchen oder die Frau hat sich vorher bei einer anerkannten Beratungsstelle wie der Caritas oder Pro Familia beraten lassen. In der Schweiz darf eine Schwangerschaft bis zur zwölften Woche nur dann straffrei abgebrochen werden, wenn die Schwangere den Abbruch schriftlich verlangt und eine Notlage geltend macht. Außerdem muss sie sich von einem Arzt über Möglichkeiten beraten lassen, das Baby doch zu bekommen. In Österreich darf nach einer ärztlichen Beratung ebenfalls bis zur zwölften Woche abgetrieben werden. Wer ungewollt schwanger ist, findet zahlreiche Hilfen. Anlaufstellen sind Pro Familia (siehe auch den Web-Tipp) oder die Caritas. Aber auch die Mitarbeiter vom gebührenfreien Kindernotruf-Telefon „Nummer gegen Kummer“ unter der Telefonnummer 08 00/1 11 03 33 wissen, wo Hilfe zu finden ist. Für Mädchen, die mit ihrem Baby nicht in ihrer Familie bleiben können, gibt es spezielle Wohnheime. Dort können die jungen Mütter mit ihren Kindern leben, und für eine Betreuung während der Schul- oder Ausbildungszeiten wird auch gesorgt. Vom Staat und vom Sozialamt gibt es finanzielle Hilfen für die Babyausstattung.

Die Klasse

Viel schlimmer als mit den Lehrern zu reden, war meinen Mitschülern zu sagen, was mit mir los ist. Wir haben immerhin 27 Leute in der Klasse, von denen nur sieben Bescheid wussten. Der Rest hat ziemlich gestaunt. Aber meine Klassenlehrerin hatte alles vorbereitet und vorher gesagt, dass sich einiges ändern wird. Klar gab es Leute, die ein paar blöde Sprüche abgelassen haben. Aber die bekamen gleich Ärger von den anderen. Deshalb bin ich mir auch ganz sicher, dass alles gut gehen wird. Was will man in so einer Situation mehr, als dass alle hinter einem stehen. Das macht echt stark.

„Ich bin so froh, dass ich meine Familie habe. Alleine hätte ich das nie geschafft."

Jessica Angerbauer

JUNI 2001

Ungebetene Ratschläge

Die Schwangerschaft ist stressiger, als ich gedacht hätte. Jeden Morgen ist mir schlecht, ich hab die totale Migräne und weiß eigentlich gar nicht, wie ich den Tag in der Schule überstehen soll. Das Einzige, was mich noch mehr nervt, ist, dass ich mir manchmal vorkomme wie in einem Streichelzoo. Jeder tätschelt einfach meinen Bauch. Ich hab superschlechte Laune und denke mir manchmal, ich sollte Eintritt nehmen: Einmal streicheln zwei Euro! Und dann diese ganzen guten Ratschläge. Du darfst dies nicht tun, du darfst jenes nicht machen. Ich will immer rufen „Hallo! Das ist mein Körper. Lasst mich doch bitte einfach in Ruhe!" Und dann noch die Kommentare von Mädchen, die nichts von meiner Schwangerschaft wussten. Die haben dann gesagt: „Mein Gott, hast du zugenommen!" Na toll, hoffentlich wächst dieser Bauch bald so, dass endlich jeder kapiert, dass ich schwanger bin.

JULI 2001

Hallo Baby!

Endlich! Anfang fünfter Monat und ich kann mein Baby spüren. Den ersten Tritt werde ich nie vergessen. Ich habe richtige Muttergefühle bekommen. Aber auch extreme Stimmungsschwankungen. Ich bin entweder aggressiv oder heule bei der geringsten Kleinigkeit wie ein Schlosshund. Mein Freund kann überhaupt nicht verstehen, was bei mir abgeht. Deshalb hat er gemeint, dass es besser ist, Schluss zu machen. Er hat gesagt, er würde mich zwar lieben, aber ich sei ihm zu anstrengend. Da ist für mich eine Welt zusammengebrochen. Von diesem Zeitpunkt an gibt es nur noch mein Baby und mich. Und auf mein Baby werde ich ganz doll aufpassen.

Jessica genießt jede Sekunde mit ihrer Tochter.

AUGUST 2001

Beziehungskrise

Ich bin so glücklich. Mein Freund ist zu mir zurückgekommen. Es tut ihm alles furchtbar Leid. Er strengt sich echt an und geht mit mir in die Schwangerschaftsvorbereitung. Aber zum Arzt will er nicht mitkommen.

SEPTEMBER 2001

Vorbereitung auf das Baby

Eigentlich ist jetzt die schönste Zeit der Schwangerschaft und ich sollte es genießen. Wenn ich nur nicht immer mehr spüren würde, dass mein Freund nur noch mit mir zusammen ist, weil ich ein Kind von ihm bekomme. Das ist ziemlich grausam. Aber ich will das nicht wahrhaben. Er besucht mich fast nie. Immer bin ich diejenige, die zu ihm geht. Das kann doch alles nicht in Ordnung sein?

OKTOBER 2001

Der Schock

Der Vater von meinem Freund hat mich angerufen. Er fände es zwar schön, Opa zu werden. Aber er fragt sich, ob das Kind auch wirklich von seinem Sohn ist! Ich war so wütend, dass ich sofort los bin, um meinem Freund eine zu scheuern. Wie kann er nur so feige sein und sein Baby verleugnen? Ich hab ihm gesagt, dass wir ihn nie wieder sehen wollen und dass ich auf so einen Vater für mein Kind verzichten kann.

Die stolze Oscar-Gewinnerin
Caroline Link

„Als Regisseurin muss man durchgreifen können."

Caroline Link

Irgendwie muss Caroline Link ein Ausnahmetalent sein. Wie ist es sonst zu erklären, dass zwei von ihren drei Kinofilmen eine Oscar-Nominierung erhielten? 2003 war es dann schließlich so weit: Mit ihrem Film „Nirgendwo in Afrika" gewann sie den heiß begehrten goldenen Kerl. Damit ist Caroline Link gelungen, wovon viele ihrer Kollegen schon seit Jahren träumen. Nicht einmal Roland Emmerich, der so populäre Filme drehte wie „Independence Day" oder „Der Patriot", hat es geschafft, den Oscar mit nach Hause zu nehmen. Caroline Link lebt in München und ist mit ihrem Regie-Kollegen Dominik Graf liiert. Sie hat eine kleine Tochter namens Pauline.

STECKBRIEF

NAME	Caroline Link
GEBOREN AM	2. Juni 1964
GEBOREN IN	Bad Nauheim in Hessen
AUSBILDUNG	Von 1986 bis 1990 studierte Caroline Link an der Münchner Hochschule für Fernsehen und Film (HFF), Abteilung Dokumentarfilm und Fernsehpublizistik.
BERUF	Regisseurin
MOTTO	„Es ist wichtig, sich für Dinge stark zu machen!"

■ *Wann haben Sie das erste Mal davon geträumt, Regisseurin zu werden?*

Na ja, im Prinzip bin ich eigentlich gar keine Träumerin. In der Kleinstadt, in der ich aufgewachsen bin, gab es überhaupt keinen Zugang zur Filmbranche. Doch als ich sechzehn war, sind wir nach München gezogen. Mit einer meiner neuen Schulfreundinnen jobbte ich als Statistin in den Bavaria Film Studios. Später habe ich dann immer öfter auch bei den Produktionen mitgearbeitet. So habe ich alles von der Pike auf gelernt. Parallel dazu habe ich die Hochschule für Fernsehen und Film besucht. Und nach meinen ersten Übungsfilmen hat sich dann so langsam eine Leidenschaft für die Regie entwickelt.

■ ***Warum sind Frauen eher selten in diesem Beruf zu finden?***

Das hat sicher etwas mit der klassischen Rollenverteilung zu tun. Wir Frauen werden doch immer noch dazu erzogen, weich und anpassungsfähig zu sein. Aber als Regisseurin muss man eher männliche Attribute haben, muss durchgreifen können, auch mal dominant sein und ein ganzes Team leiten. Als Regisseurin drücke ich dem Film schließlich meinen Stempel auf, präge ihn durch meine Handschrift. Dazu gehört, dass ich sage, ich will das so und nicht anders. Darüber darf es keine Diskussionen geben. Ich habe am Anfang auch Schwierigkeiten damit gehabt, habe mich oft gefragt, ob das Team mich jetzt noch mag oder nicht, nachdem ich mal so richtig energisch geworden bin. Das kann einem ganz schön zu schaffen machen, denn wer möchte nicht gern gemocht oder geliebt werden? Bei den Dreharbeiten zu „Nirgendwo in Afrika" wurde dieser Kampf zwischen meinen männlichen und weiblichen Anteilen besonders deutlich. Es ist ja wirklich keine leichte Sache, in Kenia zu drehen. Und natürlich wollte ich Verständnis für die Leute haben, die Heimweh hatten, vor allem für die vielen Frauen im Team, die ihre Babys und Kinder zu Hause lassen mussten. Aber als Regisseurin durfte mich so etwas nicht interessieren. Und das, obwohl von Frauen erwartet wird, dass sie verständnisvoller sind als Männer.

■ ***Sie haben als erste Frau überhaupt und als erste Deutsche einen Regie-Oscar gewonnen. Wie fühlen Sie sich damit?***

Über den Preis als solchen, den Oscar, freue ich mich natürlich wahnsinnig. Das ist schon sehr schön. Aber dass ich die erste Frau bin, die diese Auszeichnung bekommen hat, das bedeutet mir eigentlich wenig. Ich frage mich schon, warum es so wenig Frauen gibt, die ausgezeichnet werden, vor allem in den USA, wo es viele Regisseurinnen gibt. Ich glaube nicht, dass ich die Erste bin, die einen Oscar verdient hat. Ein bisschen Glück war dieses Jahr sicherlich auch dabei, dass sich die Academy in meiner Kategorie für mich entschieden hat. Nicht zuletzt, weil das Thema Holocaust bei der Academy traditionell sehr beliebt ist, weil viele Academy-Mitglieder jüdisch sind. Das spielte bei der Entscheidung viel eher eine Rolle und nicht, dass ich eine Frau bin.

■ ***Waren Sie nicht ein bisschen traurig, dass Sie die Oscar-Verleihung mit all ihren tollen Stars und dem Glamour drumherum nicht erleben konnten?***

Traurig war ich nicht wirklich. Ich hatte diese Feier ja schon einmal erlebt, vor ein paar Jahren, als mein Film „Jenseits der Stille“ für einen Oscar nominiert war. Und wenn man in der richtigen Stimmung ist und Lust hat, sich die vielen Stars mal näher anzuschauen, ist das natürlich eine tolle Sache. Aber mein Baby war schwer krank. Ich konnte meine Tochter also nicht einfach alleine lassen und mich amüsieren. So viel bedeutete es mir dann auch wieder nicht, hinter Jennifer Lopez zu sitzen oder weiter vorne Cameron Diaz zu sehen. Ich habe mir die Show allerdings im Fernsehen angeschaut und mit meiner Kleinen zu Hause gefeiert.

„And the Oscar goes … to Caroline Link!“

■ ***Sie sagten einmal, dass Hollywood kein Thema für Sie ist. Hat sich das nach Ihrem Oscar-Erfolg geändert?***

Mit dem Oscar hat das nichts zu tun. Was ich meine, ist: Ich muss nicht unbedingt in Hollywood Filme machen. Ich platze nicht vor Aufregung, wenn mir jemand aus Hollywood ein Drehbuch schickt. Auf den Stoff kommt es an, es muss etwas sein, was mit mir zu tun hat. Dann würde ich auch in Amerika drehen.

■ *Wollten Sie schon als Kind oder Jugendliche lieber die Theater-AG leiten als mitzuspielen?*

Also mitspielen wollte ich nie, da ich immer zu schüchtern war zum Schauspielern. Die Schauspielerei, davor habe ich einen Heidenrespekt, deshalb liebe ich meine Schauspieler ja so. Ich finde, es ist eine große Leistung, sich so zu konzentrieren und sich vor dem ganzen Team und der Kamera zu öffnen. Das hätte ich nie gut hingekriegt.

■ *Welche Personen haben Sie am meisten geprägt?*

Es gibt natürlich zwei Carolines, die private und die berufliche. Die private Caroline ist sicher von ihren Eltern, ihrer Schwester und von zwei wirklich tollen Lehrern, meinem Kunst- und meinem Englischlehrer, stark beeinflusst worden. Als Regisseurin habe ich viel von meinem Lebensgefährten Dominik Graf gelernt, der sich unglaublich gut in der Film-

CAROLINE LINK: SO WIRST DU REGISSEURIN

Wer wirklich zum Film will, egal in welchen Beruf, sollte so früh wie möglich versuchen, sich einen Ferienjob zu suchen. Am besten ist es, einfach bei einer Filmproduktion vorbeizugehen und zu sagen: „Ich will für die ganzen Sommerferien dabei sein, auch wenn ich nur Kaffee kochen darf und nicht bezahlt werde. Ich will was lernen." Das ist das Wichtigste. So kann man wahnsinnig viel über die Entstehung von Filmen erfahren und sehen, wie ein Film-Set funktioniert. Außerdem lernt man sehr schnell, sich durchzusetzen und für seine Ideen einzustehen. Und jemand, der da positiv auffällt, dem wird auch was zugetraut, der bekommt vielleicht auch weitere Jobs. So knüpft man Kontakte und stellt früh fest, ob das Berufsumfeld zu einem passt. Der nächste Schritt ist, nach Abschluss der Schule an einer der vielen Filmhochschulen unterzukommen. Das, was in der Filmbranche jedoch am meisten zählt, ist, dass man genau weiß, was man will, und auch bereit ist, dafür zu kämpfen – einfach weil die Konkurrenz im Filmgeschäft so groß ist.

geschichte auskennt. Er hat mir viele Filme gezeigt, die für meine Arbeit sehr wichtig waren. Aber auch die Zeit an der Filmhochschule war eine wichtige Erfahrung.

■ ***Was verstehen Sie unter dem Begriff „Heimat"?***
Der Begriff Heimat hat sich aufgrund meiner Erfahrungen in Afrika mit Sicherheit sehr verändert. Durch meine Dreharbeiten und die Geschichte des Films, in dem eine Familie ihre Heimat verliert, habe ich ein ganz neues Verhältnis dazu bekommen. Ich dachte eigentlich immer, dass Heimat der Ort ist, wo meine Liebsten sind. Aber jetzt weiß ich, dass Heimat viel mehr ist. Heimat ist auch Sprache, Kultur und der Boden, auf dem man lebt. Ich glaube, selbst wenn man seine Liebsten mitnehmen kann, findet man nicht überall auf dieser Welt eine wirkliche Heimat.

■ ***Welches sind Ihre persönlichen Lieblingsfilme?***
„Die amerikanische Nacht" und „Taschengeld" von Truffeau, beides Filme, die ich sehr geliebt habe. Und ein Film von dem iranischen Regisseur Abbas Kiarostami, „Wo ist das Haus meines Freundes?" (1987), eine tolle Kindheitsgeschichte.

AUSZEICHNUNGEN VON CAROLINE LINK

- Für „Jenseits der Stille" (1996): Bayerischer Filmpreis, Bundesfilmpreis in Silber, Deutscher Filmpreis, Deutscher Videopreis sowie die erste Oscar-Nominierung und zahlreiche Preise und Auszeichnungen im Ausland
- Für „Pünktchen und Anton" (1999): Bayerischer Filmpreis
- Für „Nirgendwo in Afrika" (2002) hagelte es beim Deutschen Filmpreis fünf Lolas, unter anderem für den „Besten Film" und für die „Beste Regie" sowie zwei Bayerische Filmpreise, die Nominierung für den Golden Globe und einen Oscar der Kategorie „Best Foreign Language Film". Daneben zahlreiche Preise auf ausländischen Filmfesten.

■ ***Wer ist Ihr persönlicher Lieblingsregisseur?***

Da habe ich wirklich keinen. Es gibt niemanden, von dem ich sagen würde, dass mir alle Filme gleichermaßen gut gefallen. Nun hatte ich aber auch nie so etwas wie ein Idol, wie es vielleicht andere Mädchen haben. Bei mir war es eher ein Mosaik, ein Bild, das sich aus vielen verschiedenen Menschen und Eindrücken zusammengesetzt hat.

Caroline zieht es nicht mit aller Macht nach Hollywood: Sie erzählt lieber gute Geschichten.

■ ***Und was haben Sie als Kind gerne gesehen?***

Auf jeden Fall Pippi Langstrumpf. Ich mochte immer sehr gern Geschichten, in denen Kinder etwas verändern können, Macht haben. Wie in den Erich-Kästner-Büchern, die ich sehr geliebt habe. Im Fernsehen hab ich halt so was wie „Bonanza“ und „Die Leute von der Shiloh Ranch“ geschaut.

■ ***Haben Sie einen Leitspruch für Ihr Leben?***

Nicht direkt. Vielleicht etwas in der Art wie:
Auch wenn sich die Dinge mal nicht so fügen, wie man sich das wünscht, ist es unter Umständen besser so. Meine Mutter hat früher immer gesagt: „Geschieht nicht das, was ich will, geschieht das, was besser ist.“ Das finde ich eigentlich sehr schön. Auch wenn die Dinge manchmal schwierig sind – wer weiß, vielleicht entsteht etwas ganz Tolles daraus. Was viel Größeres, als man sich ursprünglich vorgestellt hat.

■ ***Welche Pläne haben Sie für Ihre Zukunft?***

Im Moment keine konkreten. Zurzeit kommen jede Menge Drehbücher bei mir an, die muss ich natürlich erst einmal lesen. Und selbst dazu komme ich kaum, wegen meines Babys. Ich wollte dieses Jahr noch anfangen, ein Drehbuch zu schreiben. Drehen werde ich aber vorläufig bestimmt nicht. Jetzt habe ich mich so lange auf mein Kind gefreut und will es erst einmal richtig genießen.

Steffi Halm macht Karriere als Rennfahrerin.

Leben auf der Überholspur

Steffi Halm

Über Drehmomente fachsimpeln, auf Rennstrecken Vollgas geben – das klingt so gar nicht mädchen-like. Trotzdem hat sich Steffi Halm in eine Männersport-Domäne vorgewagt. Die erfolgreiche Formel-Renault- und Formel-VW-Pilotin hat sich ein ehrgeiziges Ziel gesetzt: Sie will als erste Frau die Königsklasse des Rennsports erobern: die Formel 1!

STECKBRIEF

NAME	Steffi Halm
GEBOREN AM	9. Juni 1984
GEBOREN IN	Ammerbuch bei Tübingen
AUSBILDUNG	Abitur
BERUF	Rennfahrerin
MOTTO	„Träume nicht dein Leben, lebe deinen Traum!“

Endlich Wochenende! Doch während andere Mädchen und Jungs durchtanzten Disconächten entgegenfiebern, steigt Steffi Halm mit Eltern und Bruder Jens ins Familienauto und steuert die großen deutschen Rennstrecken an. Nürburgring, Lausitzring, Hockenheim ... hier verbringt Steffi zwischen April und Oktober immerhin acht Wochenenden, denn so lange dauert die Rennsaison. Doch nicht etwa als Zuschauerin, wenn die großen Formel-1-Stars ihre Runden drehen. Die Abiturientin sitzt selbst im Cockpit eines Boliden, wie Rennwagen in der Fachsprache genannt werden. Dabei muss Steffi ganz schön Gas geben, denn ihre Rivalen auf der Rennbahn sind allesamt männlich und wollen sich nicht so leicht abhängen lassen – schon gar nicht von weiblicher Konkurrenz.

Allein unter Männern

Steffi: „Am Anfang war es schon komisch, als einziges Mädchen in der Formel Renault, in der ich meine Karriere startete, unterwegs zu sein. Aber die anderen Fahrer sind eigentlich total nett und so professionell, dass es um Geschwindigkeit und nicht um das Geschlecht geht!“ Auch technisch hat Steffi keine Nachteile, denn in der Formel Renault und in der Formel

VW, in der Steffi inzwischen fährt, kämpfen alle unter gleichen Bedingungen. Die insgesamt 33 Fahrer gehen mit identischen Autos und Motoren an den Start. Außerdem sind die Motoren verplombt. Anders als bei der Formel 1 hat man hier keine Chance, die Flitzer durch ein paar technische Finessen noch flotter zu machen. Technisches Geschick ist jedoch beim Fahrwerk gefragt, denn hier dürfen die Mechaniker schrauben, um die bestmögliche Rennabstimmung zu finden.

Mit Vollgas an die Spitze

„Wer Angst hat, sollte Golf spielen!"
Steffi Halm

Mit neun Jahren hat Steffi ihre Liebe zum Motorsport entdeckt. Und das zu einer Zeit, als Schumacher für sie noch ein Beruf war und nicht der Name des erfolgreichsten Rennfahrers aller Zeiten. Steffi erinnert sich: „Das fing alles ganz harmlos an. Freunde von meinen Eltern hatten einen Schrottplatz. Und deren Sohn hatte so einen Mini-Rennwagen, ein Kart. Damit habe ich ein paar Runden auf dem Schrottplatz gedreht, das hat riesig Spaß gemacht." Was folgt, ist die klassische Rennfahrerkarriere. Steffis Eltern lassen sich von der PS-Begeisterung ihrer Tochter anstecken und melden sie 1993 in einem Kart-Verein an. Altersmäßig kein Problem, denn bereits ab acht Jahren dürfen Kinder auf Kart-Strecken Gas geben. Auch ihre Mutter und ihr Bruder sind begeistert von diesem Sport und setzen sich hinter das Steuer. Doch Steffi hängt die Familie schnell ab und fährt mit elf Jahren in der Disziplin Kart-Slalom die ersten Rennen. Nach vielen Top-Platzierungen bei weiteren Kart-Meisterschaften kann die schnelle Blondine endlich in ein richtiges Rennauto umsteigen und fährt in der Saison 2000 und 2001 Formel König, die Jugendklasse im Motorsport. Als Top-Ten-Fahrerin muss Steffi nicht lange auf das Angebot warten, in der Formel Renault zu starten. Aus einem Boliden dieser Rennsportklasse konnte der fixe Finne Kimi Raikönnen direkt in einen echten Formel-1-Flitzer einsteigen. Steffi: „Die Formel Renault und die Formel VW sind bei den Talentscouts sehr beliebt: Hier entscheidet nicht die Technik, sondern allein fahrerisches Geschick, ob man sich einen Platz auf dem Treppchen sichern kann!“ Klar, dass Steffi davon träumt, irgendwann einmal die Formel 1 für sich zu erobern. Doch ein bisschen Skepsis bleibt: „Bisher gab es nur eine einzige Frau in der Formel 1. Aber die durfte bei keinem Rennen starten, weil sie die Qualifikation nie geschafft hat.“

Ein teurer Spaß

Auch bei Tempo 240 km/h hat Steffi alles fest im Griff.

Während Formel-1-Fahrer nicht nur schnell auf der Rennstrecke, sondern auch schnell im Geldverdienen sind, ist im Jugendrennsport nicht viel zu holen – im Gegenteil: Laut Steffi kostet so ein Formel-Renault-Flitzer etwa 40 000 Euro. Für eine ganze Saison inklusive Antrittsgeldern, Honoraren für das Technikteam und Reisekosten muss Steffis Familie zwischen 180 000 und 220 000 Euro hinblättern. Damit Steffi durch fehlende Finanzen nicht ausgebremst wird, gründeten ihre Eltern eine Marketingfirma, mit der sie Sponsoren für die schnelle Tochter suchen. Aufkleber auf dem Rennauto oder Aufnäher auf dem feuerfesten Rennanzug vom heimischen Frisörgeschäft bis zum Automobilclub von Deutschland (AvD) gewährleisten, dass Steffi auch weiterhin über die Runden kommt. Werbeauftritte und Autogrammtermine auf Sponsorenveranstaltungen stehen ebenfalls auf dem Programm.

Die Gewinnformel? Harter Einsatz

Kein Wunder, dass Steffi bei so vielen Terminen nur wenig Zeit für ihre Freunde hat: „Wenn ich mal zu Hause bin, muss ich lernen, um mich auf mein Abitur vorzubereiten!“ Aber auch das schafft Steffi, obwohl sie durch ihren Sport häufig in der Schule fehlt. Um die notwendigen Trainings vor den großen Auftritten absolvieren zu können, geht es manchmal schon mittwochs auf die Rennstrecke. Nebenbei muss sich Steffi für ihren Einsatz im Formel-Flitzer auch fit halten. Am liebsten spielt sie Handball und schwitzt zusätzlich im Fitness-Studio. Auch für die Liebe hat Steffi wenig Luft – abgesehen davon müsste so ein Boyfriend ganz schön Nerven mitbringen! Denn ab und zu passiert es selbst einer erfahrenen Motorsportlerin wie Steffi, dass sie bei Tempo 240 ins Kiesbett „abfliegt“! Doch die Boliden sind bombensicher. Sie sind so konstruiert, dass das Auto bei einem Crash völlig zerlegt werden kann – nur das Kohlefaser-Cockpit nicht. Steffi: „Bei den Geschwindigkeiten merkt man überhaupt nicht, dass man sein Auto wegwirft. Sonst würde man das nächste Mal vielleicht vorsichtiger fahren. Aber wer Angst hat, sollte sowieso lieber Golf spielen!“

FRAUEN IM MOTORSPORT

Allein unter Männern: Die wohl bekannteste Rennfahrerin ist Jutta Kleinschmidt, die 2001 ihren ersten Sieg in der mörderischen Rallye Paris–Dakar einfahren konnte und die harten Kerle in den schnellen Autos damit gehörig vor den Kopf stieß. Frauenfreundlicher ist die Jugendklasse Formel König mit immerhin zehn Prozent Mädchenanteil. In die echte Königsklasse, die Formel 1, schaffte es mit der Italienerin Giovanna Amati bisher nur eine Pilotin. Sie nahm 1992 in Brabham an drei Grandprix teil, durfte jedoch nie an den Start, weil ihre Rundenzeit während der Qualifikation zu schlecht war. Amati wurde durch den späteren Formel-1-Weltmeister Damon Hill ersetzt. Ausgebremst werden Mädchen im Motorsport hauptsächlich durch die hohen Kosten ... und mangelndes Interesse. Denn um wirklich vorne mitzufahren, muss mit der Pilotenkarriere am besten schon im Alter von acht Jahren begonnen werden. Und da spielen Mädchen eben lieber mit Barbies statt mit Boliden.

WEB TIPP

www.steffi-halm.de
Alles über Steffi Halm, inklusive News und Guestbook

www.motorsport-xl.de
News, Infos und Termine zu allen Formel-Klassen und zum Kartsport

http://racinggirls.bei.t-online.de
Alles über Rennfahrerinnen weltweit

Die Heldin von Birma

Aung San Suu Kyi

Birma – „Goldenes Land der Pagoden" –, ein poetischer, verheißungsvoller Name für ein Land, in dem Verstöße gegen die Menschenrechte an der Tagesordnung sind, das von einer grausamen Militärregierung beherrscht wird und dessen Bewohner meist unterhalb der Armutsgrenze leben. Aber es gibt eine Frau in dem südostasiatischen Land, die den Militärs seit mehr als 15 Jahren furchtlos die Stirn bietet: Aung San Suu Kyi.

STECKBRIEF

NAME	Aung San Suu Kyi
GEBOREN AM	19. Juni 1945
GEBOREN IN	Rangon (heute: Yangon)/Birma (heute: Myanmar)
AUSBILDUNG	Studium der Philosophie, Politik, Volkswirtschaft
BERUF	Anführerin der gewaltfreien Demokratiebewegung Birmas
MOTTO	„Hoffe das Beste und mache dich auf das Schlimmste gefasst."

Bis März 1988 führt die Tochter des 1947 ermordeten birmesischen Freiheitshelden Aung San ein unauffälliges Leben in England. Mit ihrem Mann Michael, einem britischen Wissenschaftler, und ihren zwei Söhnen lebt sie in Oxford. Eines Tages erhält sie einen Anruf aus ihrer Heimat: Ihre Mutter ist schwer krank und braucht Hilfe. Aung San Suu Kyi fliegt nach Birma, ohne zu ahnen, dass danach nichts mehr so sein wird wie bisher.

Furchtlosigkeit, Toleranz und Güte

Aung San Suu Kyi (sprich: Ang San Suu Tschi) wird 1945 geboren, drei Jahre, bevor die englischen Kolonialherren Birma in die Unabhängigkeit entlassen. Eine Entwicklung, die das Land vor allem ihrem Vater, General Aung San, zu verdanken hat. Doch als Aung San Suu Kyi zwei Jahre alt ist, wird der große Staatsmann von politischen Gegnern ermordet. Trotzdem erinnert sie sich an eine unbeschwerte Kindheit. Ihre Mutter Khin Kyi ist eine starke Persönlichkeit und erzieht die Tochter im buddhistischen Glauben. Sie lehrt das Mädchen Furchtlosigkeit, Toleranz und Güte, ohne zu wissen, wie sehr diese Werte Aung San Suu Kyis Leben einmal prägen werden.

„Die besten Freunde sind diejenigen, die das Beste in dir zum Vorschein bringen, die dich in eine gute Stimmung versetzen, weil sie dich dazu anspornen, das Gute in dir zu entwickeln und nicht das Schlechte."

Aung San Suu Kyi

Vorbild Gandhi

1960 wird Khin Kyi Botschafterin und zieht mit ihren Kindern nach Indien. Hier beginnt Aung San Suu Kyi Philosophie, Politik und Volkswirtschaft zu studieren. Und hier gerät die spätere Freiheitskämpferin zum ersten Mal mit den Lehren ihres großen Vorbilds Mahatma Gandhi in Berührung. Währenddessen kommt es 1962 in Birma zu einem Militärputsch unter dem berüchtigten General Ne Win. Eine jahrzehntelang andauernde Militärdiktatur beginnt, die vom Rest der Welt lange Zeit überhaupt nicht wahrgenommen wird.

Verliebt, verlobt, verheiratet

Aung San Suu Kyi weiß um die Situation in ihrem Heimatland, ist aber dort als Tochter Aung Sans nicht erwünscht. Außerdem hat sie sich während ihres Studiums in Oxford und New

MENSCHENRECHTE IN BIRMA

Birma zählt zu den ärmsten Ländern der Welt. Auf einen Arzt entfallen durchschnittlich 13 000 Menschen, viele Kinder sind unterernährt, fast jedes zehnte Kind unter zehn Jahren stirbt. Die Medien werden zensiert und kontrolliert. Ethnische Minderheiten der Karen, Shan und Kachin werden seit 50 Jahren grausam verfolgt, entführt, gefoltert und getötet. Die Zahl der Vertriebenen innerhalb Birmas wird auf über 200 000 geschätzt. 800 000 Menschen müssen Zwangsarbeit leisten, an deren Folgen sie oft genug sterben. Regimekritiker, Oppositionelle und Menschenrechtler werden zu langen Haftstrafen unter unmenschlichen Bedingungen verurteilt. Viele politische Gefangene lässt man auch nach Ablauf ihrer Strafe nicht frei. Seit 1988 sind mindestens 64 politische Gefangene in der Haft zu Tode gekommen.

WEBTIPP

www.dassk.org
Website über Aung San Suu Kyi und ihren Kampf für ein demokratisches Birma

www.myanmar.com
Myanmars offizielle Homepage

www.gandhiinstitute.org
Alles über Mahatma Gandhi und die indischen Freiheitskämpfer

www.martin-luther-king-zentrum.de
Alles über den Mann, der gewaltfrei für die Gleichheit von Schwarz und Weiß kämpfte und dafür sein Leben ließ

www.ingridbetancourt.com
Seite über die Frau, die der kolumbianischen Korruption den Kampf angesagt hat

York in den englischen Tibetologen Michael Aris verliebt, den sie 1972 heiratet. 1973 kommt Sohn Alexander zur Welt, vier Jahre später der zweite Sohn Kim. In den folgenden Jahren genießt Aung San Suu Kyi das Familienleben in Oxford und unterstützt die Arbeit ihres Mannes. Als Wissenschaftlerin beschäftigt sie sich mit birmesischer Literatur und Geschichte und stellt Nachforschungen über ihren Vater an. Politisch aktiv ist sie nicht, denn das ist ihr von Seiten der birmesischen Regierung untersagt.

Aung San Suu Kyi – die Hoffnungsträgerin

Doch dann kommt der März 1988 und Aung San Suu Kyi muss erfahren, dass ihre Mutter Khin Kyi einen Schlaganfall erlitten hat. Sie reist nach Birma, um sie zu pflegen – und gerät mitten hinein in die damals brodelnden Studentenunruhen. Die jungen Menschen sind unzufrieden mit der Situation in ihrem Land und gehen zu tausenden auf die Straße, um für ihre Rechte und eine demokratische Regierung zu demonstrieren. Am 8. August 1988 kommt es zu einer Massendemonstration, die von den Militärs blutig beendet wird – über 3000 friedlich demonstrierende Studenten werden getötet. Aung San Suu Kyi ist entsetzt. Die verzweifelten Menschen bitten sie, in die Fußstapfen ihres berühmten Vaters zu treten. Plötzlich ruhen alle Hoffnungen für eine demokratische Zukunft Birmas auf Aung San Suu Kyi.

Eine Frau klagt an

Wie wird sich die Ehefrau und Mutter von zwei Kindern entscheiden? Zu Hause in England wartet ihre Familie auf sie. Doch Aung San Suu Kyi nimmt die Herausforderung an. Vor hunderttausenden Anhängern des Widerstands tritt sie für absolute Gewaltfreiheit ein – genau wie ihre großen Vorbilder Mahatma Gandhi, Nelson Mandela und Martin Luther King. Sie will den Menschen Mut machen, ihre Angst vor den Militärs zu überwinden. Die von ihr angeführten gewaltfreien Massenproteste scheinen Erfolg zu haben. Die Militärregie-

WELTRELIGION BUDDHISMUS

Aung San Suu Kyi ist überzeugte Buddhistin – wie 80 Prozent ihrer Landsleute auch. Die buddhistische Lehre ist mit eine Erklärung für ihre Duldsamkeit. Die hoffnungslose Lage, die Frage nach einem „Wie lange noch?" beantwortet sie nur schweigend mit einem Lächeln. Der Buddhismus ist eine der großen Weltreligionen und blickt auf eine über zweieinhalbtausendjährige Geschichte zurück. Kernstück der Lehre sind die „Vier edlen Wahrheiten":

1. Alles Leben ist Leiden.
2. Ursache des Leids sind Gier, Hass und Verblendung.
3. Wenn die Ursachen erlöschen, erlischt das Leiden.
4. Der achtfache Pfad ist der Weg, der zum Erlöschen des Leidens führt.

Im Buddhismus hängen Glück und Unglück eines jeden Menschen von seinem Karma ab. Karma bedeutet „Lohn", „Handlung" und „Werk". Das Karma eines Menschen bleibt über seinen Tod hinaus erhalten und wird in einem neugeborenen Wesen weiterleben.

„Engagierter Buddhismus ist tätiges Mitleid. Das bedeutet nicht, einfach passiv dazusitzen und zu sagen: ‚Diese Menschen tun mir so Leid.' Es bedeutet, etwas an der Lage zu ändern, indem man denen, die es am meisten nötig haben, Hilfe in jeder Form zukommen lässt, sich um sie kümmert und überhaupt alles tut, was in den eigenen Kräften steht, um anderen zu helfen."
Aung San Suu Kyi

rung zeigt sich verhandlungsbereit und verspricht, das Mehrparteiensystem einzuführen. Doch dann bilden die Machthaber den so genannten „Staatsrat zur Wiederherstellung von Recht und Ordnung" (SLORC). Aung San Suu Kyi lässt sich nicht einschüchtern. Mit ihren Anhängern gründet sie die Nationale Liga für Demokratie (NLD). Der SLORC reagiert, indem er jede Versammlung von mehr als vier Personen verbieten lässt. Wer gegen dieses Verbot verstößt, wird brutal bestraft. Aung San Suu Kyi lässt sich davon nicht beirren und

„Nur nicht weglaufen. Mit Weglaufen löst man keine Probleme."
Aung San Suu Kyi

hält weiterhin Reden in allen Teilen des Landes. Tag für Tag bekommt sie mehr Anhänger. Die anmutige Frau mit der zarten Gestalt geht furchtlos und unbeirrt durch alle Absperrungen der Militärs, ohne dass ein einziger Schuss fällt. „Zu den grundlegenden Freiheiten, die man anstrebt, um ein erfülltes und uneingeschränktes Leben zu führen, zählt Freiheit von Furcht. Sie ist sowohl Weg als auch Ziel."

Hungerstreik

1989 wird Birma von den regierenden Militärs kurzerhand in Myanmar umbenannt, die Hauptstadt Rangon in Yangon. Die Regierung drängt Aung San Suu Kyi, auszureisen und zu ihrem Mann und ihren Kindern zurückzukehren. Aung San Suu Kyi denkt nicht daran. Die zierliche Frau tritt in den Hungerstreik, weil sie die Freilassung von inhaftierten Demonstranten erwirken will. Immerhin sorgt sie durch ihren mutigen Einsatz dafür, dass die Welt endlich Notiz von den Zuständen in Birma nimmt. 1990 ist der internationale Druck bereits so groß, dass es zu den ersten freien Parlamentswahlen kommt. Die NLD, Aung San Suu Kyis Partei, gewinnt mit über 80 Prozent der Stimmen! Ein Wahlergebnis, das von den Militärs schlichtweg ignoriert wird. Sie werfen die Mitglieder der NLD ins Gefängnis und bleiben ohne jede rechtliche Grundlage einfach weiter an der Macht.

Birma, „das goldene Land der Pagoden" ist eine Diktatur.

Unter Hausarrest

Aung San Suu Kyi wird unter strengen Hausarrest gestellt. Fünf Jahre lang wird sie ihr Anwesen in der Hauptstadt nicht mehr verlassen. Besucher darf sie kaum empfangen. Viele Menschen würden in so einer Situation klein beigeben. Nicht so Aung San Suu Kyi. Um nicht verrückt zu werden, meditiert sie regelmäßig und zwingt sich zu einem streng geregelten Tagesablauf: Sie betet, hört Musik und liest viel. Die Trennung von ihrem Mann und ihren Söhnen, mittlerweile 16 und zwölf Jahre alt, macht ihr zu schaffen. Doch Aung San Suu Kyi hat ihre Entscheidung gefällt: „Ich habe meine Familie vermisst, vor allem meine Söhne. Ich habe die Möglichkeit vermisst, mich um sie zu kümmern, bei ihnen zu sein. Aber ich hatte nicht das Gefühl, vom Leben abgeschnitten zu sein. Tief in meinem Innern hatte ich das Gefühl, unter Hausarrest zu stehen, gehörte einfach zu meinen Pflichten – ich habe nur meine Arbeit erledigt."

„Was immer du erreichen willst, du musst etwas dafür tun. Du sitzt nicht untätig herum und hoffst, dass du schon bekommen wirst, was du dir wünschst."

Aung San Suu Kyi

Der Friedensnobelpreis

1991 erhält Aung San Suu Kyi für ihren unermüdlichen Einsatz für Demokratisierung und die Einhaltung der Menschenrechte den Nobelpreis. Nur ihrem klugen, besonnenen Umgang mit dem birmesischen Regime und ausländischen Journalisten sowie Diplomaten ist es zu verdanken, dass Birma nicht wieder in Vergessenheit gerät. Doch in Oslo steht nicht sie auf dem Podium: Es sind ihre Söhne Alexander und Kim, die den

POLITIK DER GEWALTLOSIGKEIT

„Gewalt ist die Waffe des Schwachen; Gewaltlosigkeit die des Starken." – Mahatma („große Seele") Gandhi erhob die Gewaltlosigkeit zum politischen Prinzip. Während seines hartnäckigen Kampfes um Indiens Unabhängigkeit in der ersten Hälfte des 20. Jahrhunderts rief er zum zivilen Ungehorsam auf. Mit Hungerstreiks, Protestmärschen und anderen gewaltfreien Aktionen erreichte er die Durchsetzung seiner Ziele. Kein halbes Jahr nachdem Indien unabhängig geworden ist, wird Gandhi am 30. Januar 1948 von einem hinduistischen Fanatiker erschossen.

Martin Luther King kämpft Anfang der 1950er-Jahre für die Aufhebung der Rassentrennung in Amerika. Er führt Gandhis Philosophie des gewaltfreien Widerstands fort. Am 3. April 1968 wird auch er ermordet.

INGRID BETANCOURT

Wie Aung San Suu Kyi setzt sich auch diese Frau mit Leib und Leben für ihr Land ein. Sie wurde 1961 geboren, hat zwei Kinder und war die kolumbianische Präsidentschaftskandidatin 2002. Mit ihrer Partei „Oxygen" kämpft sie gegen die Korruption, den Drogenhandel und den Bürgerkrieg in ihrem Land. 1996 entgeht sie nur knapp einem Anschlag. Daraufhin bringt sie ihre Tochter und ihren Sohn zu ihrem geschiedenen Mann nach Neuseeland: „Das ist der Preis, den ich für meinen Kampf zahlen muss. Aber ich kann nicht anders. Das bin ich mir und der Zukunft meines Landes schuldig." Im Februar 2002, drei Monate vor der Wahl, wird Ingrid Betancourt von Rebellen entführt. Das Schicksal der Entführten bleibt ungewiss. Bemühungen der Regierung für ihre Freilassung halten sich in Grenzen.

„Sehr häufig lügen die Menschen, weil sie Angst davor haben, die Wahrheit zu sagen. Sie haben einfach nicht genug Vertrauen in das Verständnis oder Mitgefühl der anderen."

Aung San Suu Kyi

Preis für sie entgegennehmen. Aung San Suu Kyi bleibt in ihrem Haus gefangen. Erst 1995 wird der Hausarrest aufgehoben. Wie es ihre Art ist, übernimmt Aung San Suu Kyi sogleich wieder den Vorsitz ihrer Partei und fährt unerschrocken fort, die Machthaber zu einem Ende der Gewalt aufzurufen.

Neue Hindernisse

Doch die haben nichts dazugelernt. Erneut wird die Freiheitskämpferin daran gehindert, zu Versammlungen zu fahren. Die Zufahrt zu ihrem Haus wird versperrt, die Telefonleitung in ihrem Haus gekappt. Wie zum Hohn benennt sich der SLORC 1997 um in „Staatsrat für Frieden und Entwicklung" (SPDC) und verspricht zum hundertsten Mal ein Ende der Gewaltherrschaft – nur um in den südostasiatischen Staatenverbund ASEAN aufgenommen zu werden. Für die Machthaber ist das die Rettung, denn ohne Verbündete ist Birma ruiniert. Das sozialistische System hat die Wirtschaft völlig zum Erliegen gebracht. Wegen seiner Menschenrechtsverletzungen hat sich die westliche Welt strikt geweigert, in das Land zu investieren, geschweige denn birmesische Güter abzunehmen.

Neue Hoffnung

2000 wird Aung San Suu Kyi ein weiteres Mal unter Hausarrest gestellt. Wieder gehen zwei Jahre ins Land, die sie in unfreiwilliger Isolation verbringen muss. Zum Glück gelingt es dem UN-Sondergesandten Razali Ismail zu vermitteln. Am 7. Juni 2002 wird der Hausarrest wieder aufgehoben. Eine strahlende Aung San Suu Kyi präsentiert sich der Weltöffentlichkeit, um sich gleich darauf in der Parteizentrale der NLD mit ihren treuen Weggefährten an die Arbeit zu machen. Die Regierung entlässt über 600 politische Gefangene und verspricht weitere Freilassungen. Wird sie diesmal Wort halten?

Aung San Suu Kyi auf einer Pressekonferenz ihrer Partei

Eine zweite Chance?

Für ein Birma in Demokratie und Freiheit tut Aung San Suu Kyi alles, was sie kann. Dafür zahlt sie einen hohen Preis. Ihre Kinder werden ohne sie groß und ihr Mann, Michael Aris, stirbt an Krebs, ohne dass sie sich noch einmal von ihm verabschieden kann. Doch sie bleibt ihrer Überzeugung und der Aufgabe treu, die sie von ihrem Vater übernommen hat: „Als wir meinen Vater verloren, verloren wir auch unsere Chance, ein demokratisches Birma aufzubauen. Aber jeder bekommt eine zweite Chance. Wir müssen sie nur ergreifen.“
Doch nachdem die Militärregierung nicht zu Gesprächen über eine demokratische Zukunft Birmas bereit ist, wendet sich Aung San Suu Kyi wieder direkt an die unterdrückte Bevölkerung. Wo immer sie spricht, hören ihr die Menschen gebannt zu. Die Junta wird nervös und lockt Aung San Suu Kyi am 30. Mai 2003 in einen Hinterhalt. Bei einem Überfall auf ihren Konvoi sterben zahlreiche ihrer Anhänger. Aung San Suu Kyi wird zunächst in den finstersten Kerker des Landes geworfen. Auf Proteste des UN-Sondergesandten Razali Ismail wird sie in ein Militärlager verlegt, lebt streng abgeschirmt in einer Einzelzelle, von den Militärs zynisch als „Schutzhaft“ bezeichnet. Ihr mühsamer Kampf beginnt von vorn.

FILM TIPP

„Rangoon“
(Orig.: „Beyond Rangon“), Eine junge amerikanische Ärztin, die ihren Mann und ihren Sohn durch einen Raubmord verloren hat, gerät in Rangoon in die Wirren um den Studentenaufstand 1988 und wird Zeugin der grausamen Willkür der Militärregierung. Sie hilft Anhängern der Oppositionsführerin Aung San Suu Kyi bei ihrer Flucht nach Thailand und findet so wieder einen Sinn in ihrem Leben. – Der Film ist eines der wenigen Dokumente über die Geschehnisse in Birma im August 1988, die der Weltöffentlichkeit weitgehend unbekannt geblieben sind.
1994; R: John Boorman

WEBTIPP

www.franka-potente.de
Offizielle Homepage mit News, Gästebuch, Chat und Fotogalerie

www.guxme.de
Online-Branchenverzeichnis mit Adressen von Castingagenturen und Schauspielschulen

http://berufenet.arbeitsamt.de/bnet2/S/B8326100bedingung_a.html
Infos vom Arbeitsamt über den Beruf des Schauspielers und Adressen von Schauspielschulen

www.ids-ev.de
Internetseite des Bundesverbandes deutscher Schauspieler mit vielen nützlichen Informationen und Kontakten zu Schauspielschulen und -Akademien

Franka über ihre Lieblingsschauspieler. Meryl Streep:

Sie ist so wandlungsfähig. Immer wenn ich sie in einem Film sehe, ist sie anders. Sie geht anders, spricht anders. Ich würde gern halb so gut werden wie sie. Und Johnny Depp, weil er ein Garant für Qualität ist. Außerdem ist er sensibel und hat etwas Mystisches.

Franka über ihren Dreh mit Kino-Held Johnny Depp:

Ich war total eingeschüchtert! Wir haben uns immer nur am Set gesehen. Eigentlich war er ja sehr nett und humorvoll. Aber ich hätte mich trotzdem nie getraut, ihn nach Drehschluss zum Kaffee einzuladen oder so. Ich habe nicht mal eine Telefonnummer von ihm. Alle wollen immer wissen, wie es war, ihn zu küssen. Der Akt an sich, das sieht man auch in „Blow“, ist mehr ein Küsschen als ein Kuss. So was ist ganz schnell vorbei. Bei jeder Kuss-Szene, ob das nun Johnny Depp oder Benno Fürmann oder sonst jemand ist, gehen einem eh immer tausend Sachen durch den Kopf – mir zumindest.

Franka über ihre Arbeit mit Matt Damon, mit dem sie auch schon gemeinsam vor der Kamera stand:

Matt ist ein sehr angenehmer Kollege. Hört sich vielleicht ein bisschen langweilig an, ist aber gar nicht so gemeint. Ist mir viel lieber als die Leute, die immer gut gelaunt sind oder die ganze Zeit Action machen müssen. Matt ist ein ganz bescheidener Mensch. Er kam immer mit seiner Adidas-Tasche zum Set, die voll mit CDs war, und spielte in den Pausen unendliche Runden Scrabble.

Franka über die Schwierigkeit, immer wieder in neue Rollen zu schlüpfen:

Ich sehe das überhaupt nicht so. Das ist ja das Tolle an diesem Beruf, dass man mit seiner Figur in alle verschiedenen Bereiche hineinschnuppern kann. Ich habe zum Beispiel vor dem Film „Der Krieger und die Kaiserin“ auch eine Woche in der

Psychiatrie verbracht, ich wurde als Pflegerin reingeschleust. Ich habe einen anderen Namen gekriegt und hatte eine Brille auf. Zuerst habe ich ein bisschen Angst gehabt. Als Schauspieler versuche ich immer die Motivationen eines Menschen zu verstehen, doch das war hier natürlich das Komplizierteste. Die psychisch Kranken sind in einer Minute so und in der nächsten ganz anders, mal sind sie anhänglich wie ein Kind, und im nächsten Moment bedrohen sie dich. Und sie haben einen Instinkt, der so direkt funktioniert wie bei Tieren, die jede Unsicherheit spüren. Es war auf jeden Fall gut, zumindest einmal am Originalschauplatz gewesen zu sein.

Franka über ihre Zeit in der Traumstadt Los Angeles:

Es ist lange nicht so aufregend, wie wir uns das vorstellen. Ich fand L. A. anfänglich richtig langweilig. Heute habe ich ein paar Freunde, die keine Schauspieler sind. An denen liegt mir viel. Was aber auf jeden Fall an den Klischees stimmt, ist, dass alle Frauen nur Salat essen und blond sind. Trotzdem habe ich in L. A. eine Leichtigkeit erlebt, die mir lange Zeit gefehlt hat. Das habe ich nachgeholt und sicher ziemlich wild gelebt. Wenn ich mich in Amerika verliebt hätte, gäbe es aber sicherlich eine andere Perspektive. Aber ich glaube nicht, dass ich mit 30 schon den Mann fürs Leben gefunden habe. Deshalb werde ich jetzt nach Deutschland zurückkehren.

DEUTSCHE SCHAUSPIELER IN HOLLYWOOD

Neben Franka Potente schaffen nur wenige deutsche Schauspieler und Schauspielerinnen den Sprung nach Hollywood – die US-Konkurrenz ist schwer zu knacken. 2003 spielte Ulrich Tukur neben George Clooney in einem Science-Fiction-Streifen. Katja Flint trat in „Straight Shooter“ mit Dennis Hopper auf, und Muskelmann Ralph Möller zeigte seine Kräfte in „Gladiator“. In der Vergangenheit machten Stars wie Horst Buchholz oder Armin Müller-Stahl Furore.

FILMTIPP

Nach Fünf im Urwald
1996; R: Hans-Christian Schmid

Easy Day
1997; R: Hans Horn

Die drei Mädels von der Tankstelle
1997; R: Peter F. Bringmann

Lola rennt
1998; R: Tom Tykwer

Bin ich schön?
1998; R: Doris Dörrie

Downhill City
1999; R: Hannu Salonnen

Südsee
1999; R: Thomas Bahmann

Schlaraffenland
1999; R: Friedemann Fromm

Anatomie
2000; R: Stefan Ruzovitzky

Der Krieger und die Kaiserin
2000; R: Tom Tykwer

Blow
2001; R: Ted Demme

Storytelling
2001; R: Todd Solondz

The Bourne Identity
2002; R: Doug Liman

Try Seventeen
2002; R: Jeffrey Porter

Anatomie 2
2003; R: Stefan Ruzovitzky

Blueprint
2004; R: Rolf Schübel

Dian Fossey mit ihren Berggorillas in Ruanda

Ein Leben für „Gorillas im Nebel“

Dian Fossey

Sie gab ihr Leben für die Gorillas. Fast 20 Jahre verbrachte die amerikanische Tierforscherin Dian Fossey in der einsamen Bergwelt Ruandas, um die „sanften Riesen“ zu studieren und sich für den Erhalt der bedrohten Tierart einzusetzen. Durch die Hollywood-Verfilmung „Gorillas im Nebel“ mit Superstar Sigourney Weaver wurde ihre Arbeit weltbekannt.

STECKBRIEF

NAME	Dian Fossey
GEBOREN AM	16. Januar 1932
GEBOREN IN	Fairfax, Kalifornien, USA
GESTORBEM AM	27. Dezember 1985
AUSBILDUNG	Bewegungstherapeutin; Zoologiestudium mit Erlangung der Doktorwürde an der Universität von Cambridge
BERUF	Tierforscherin
MOTTO	„Wenn du den Wert des Lebens erkannt hast, verweilst du nicht in der Vergangenheit, sondern konzentrierst dich auf den Erhalt der Zukunft.“

„Nyirmachabelli“, die einsame Frau des Waldes, nannten sie die Afrikaner. Ein Name, der bezeichnend ist für das einzigartige Engagement von Dian Fossey. Die gebürtige Kalifornierin tauschte das quirlige Leben in ihrer sonnigen Heimatstadt San Francisco gegen die regendurchweichten, in Wolken gehüllten Berghänge Ruandas, um sich ausschließlich den dort lebenden Gorillas zu widmen. Beobachter der Forschungen von Dian Fossey schwanken bis heute zwischen Unverständnis und Bewunderung für ihre Arbeit – einer Arbeit, die als Wissenschaft begann und mit einer tiefen Zuneigung zu den Tieren endete. Dian Fossey schaffte es, inmitten einer Gruppe von Gorillas zu leben, und zwar als ein von ihnen vollständig akzeptiertes Mitglied dieser Lebensgemeinschaft. Mit ihrem schonungslosen Einsatz für die Menschenaffen gelang es ihr, im Bereich Zoologie Geschichte zu schreiben. Vollkommen isoliert von anderen Menschen, lieferte sie wichtige Beiträge über die Sozialstruktur von Berggorillas. Mit ihrem Buch „Gorillas im Nebel“ wurde sie weltberühmt. Diese Popularität nutzte sie, um auf die Gefährdung der Menschenaffen durch Wilderei und die Zerstörung ihrer Lebensräume aufmerksam zu machen.

Wie alles begann

Dem berühmten Zufall war es zu verdanken, dass sich der durchschnittliche Lebensweg einer jungen Frau in ein atemberaubendes Abenteuer verwandelte. Rückblende: Man schreibt das Jahr 1963. Dian Fossey arbeitet in einem Kinderkrankenhaus in Louisville, Kentucky, als Bewegungstherapeutin. Eigentlich eine schöne Aufgabe, behinderten Kindern neue Perspektiven für die Zukunft zu geben. Dian Fossey ist trotzdem unglücklich, verfolgte sie doch ursprünglich ganz andere Ziele: Sie hatte Tierärztin werden wollen. Aber mit schlechten Leistungen in den naturwissenschaftlichen Fächern verbaute sie sich das veterinärmedizinische Studium.

DIAN FOSSEY GORILLA FUND

Der Arbeit und dem unermüdlichen Einsatz Dian Fosseys ist es zu verdanken, dass in Ruanda mit dem „Parc National des Volcans" ein Schutzgebiet für die Berggorillas geschaffen werden konnte. Weltweite Berühmtheit erlangte die Forschungsarbeit Dian Fosseys durch die Verfilmung ihres Buches „Gorillas im Nebel" 1988 mit Hollywoodstar Sigourney Weaver in der Hauptrolle. Dadurch rückten die Berggorillas in den Brennpunkt weltweiten Interesses. Touristen kamen in den Nationalpark. Sie zahlten Eintrittspreise von bis zu 170 Dollar pro Tag und sorgten so dafür, dass die Regierung Anti-Wilderer-Truppen unterhalten kann. Bald stellten die Gorillas die drittgrößte Einnahmequelle des afrikanischen Staates dar.
Die positive Wechselwirkung zwischen Tourismus und Artenschutz fand durch den Bürgerkrieg in Ruanda ein jähes Ende. Tausende von Menschen starben, und auch die Berggorillas müssen wieder um ihr Überleben kämpfen. Umso mehr setzt sich der „Dian Fossey Gorilla Fund" für den Erhalt der „sanften Riesen" ein. Als Nächstes steht der Wiederaufbau der Forschungsstation in Karisoke an. Außerdem können Interessierte Patenschaften für Gorillas übernehmen und auf diese Weise einen Beitrag zur Rettung dieser faszinierenden Menschenaffen leisten.

„Ich hatte den tief empfundenen Wunsch, gemeinsam mit wilden Tieren in einer Welt zu leben, die von den Menschen noch nicht kaputtgemacht worden ist."

Dian Fossey

„Als mich die Gorillas nach einem langen Auslandsaufenthalt in ihre pelzigen Arme schlossen, hätte ich sterben können vor Glück!“

Dian Fossey

Trotzdem spürt sie, dass sie ihrem Leben einen neuen Inhalt geben muss. Dian kratzt etwas Geld zusammen und erfüllt sich einen Traum – eine Reise nach Afrika, in den Kongo. Während ihres sechswöchigen Trips trifft sie Dr. Louis Leakey, einen bekannten Anthropologen, dessen Vortrag über Berggorillas sie tief beeindruckt. Dian kündigt Job und Wohnung und ist wild entschlossen, Leakey bei seinen Forschungsarbeiten zu unterstützen.
Noch im gleichen Jahr reist sie zurück nach Ostafrika und trifft im Grenzland zwischen Kongo und Uganda das erste Mal auf die Welt der Berggorillas. Doch anstatt in Frieden ihre Forschungsarbeiten aufzunehmen, muss sie entsetzt mit ansehen, wie die Tiere von Wilderern gnadenlos abgeschlachtet werden – ein Massaker für makabre Souvenirs. Hände und Köpfe der Gorillas werden für ein paar Dollar an geschmacklose Touristen verkauft. Am meisten sind die Wilderer jedoch an den Gorilla-Babys interessiert, denn Tierhändler zahlen bis zu 60 000 Dollar pro Exemplar. Doch weil die Eltern ihre Babys bis zur Selbstaufgabe verteidigen, werden die erwachsenen Tiere skrupellos getötet. Der Anblick bestialisch abgeschlachteter Gorillas gräbt sich so sehr in Dians Herz ein, dass sie beschließt, ihr Leben ganz in den Dienst der noch kaum erforschten und als gefährlich geltenden Tiere zu stellen.

Kampf für ein eigenes Forschungsprojekt

Kongo, 1967: Endlich ist es so weit. Dian Fossey kann ihre lang ersehnte Arbeit aufnehmen. Bis dahin hat sie vier Jahre lang keine Mühe gescheut und ein Forschungsinstitut nach dem anderen abgeklappert, um Unterstützung für ihre Idee zu finden. Die berühmte „National Geographic Society“ und das Wilkie-Institut begeisterten sich schließlich für die Vorschläge Dians, eine Forschungsstation im Kongo aufzubauen. Erschwert wird ihre Arbeit dadurch, dass sie ganz allein auf sich gestellt ist. Es gibt zwar ein paar einheimische Helfer, aber da sie deren Sprache nicht versteht, fällt die Kommunikation schwer. Alles ist neu und vor allem fremd. Dian zweifelt häufig an ihrem Projekt. Oft traut sie sich nicht einmal, ihre Hütte zu verlassen, so viel Angst macht ihr das ungewohnte Leben im Dschungel. Doch sie behält ihr Ziel unablässig im Auge, selbst als sie ein halbes Jahr später im September nach Ruanda fliehen muss: Politische Unruhen im Kongo haben ihre Arbeit lebensgefährlich werden lassen. Auf 3000 Meter Höhe, in der nebeligen Landschaft der Vulkanregion in den Virunga Mountains, findet Dian Fossey ihre wissenschaftliche und private Heimat. Ungeachtet der beschwerlichen Beobachtungsarbeit in unwegsamem Gelände gelingt es ihr, mit den Gorillas Kontakt aufzunehmen. Trotzdem benötigt sie ganze drei Jahre, um die scheuen Tiere Stück für Stück an sich zu gewöhnen. In der Zwischenzeit gründet Dian Fossey die heute weltberühmte Karisoke-Forschungsstation: Von hier aus bricht sie zu ihren Exkursionen zu den Menschenaffen auf. Ruanda, 1970: Dian Fossey gelingt, was kein Tierforscher auf der Welt für möglich gehalten hätte: Sie kann sich bis auf 45 Meter an eine Gorillagruppe heranwagen. Einzig und allein ihres totalen Einsatzes wegen dulden die Tiere ihre Anwesenheit. Unermüdlich macht sie dabei die Fressgewohnheiten der Gorillas nach, bricht Äste und isst Blätter – alles vertraute Gesten für die Tiere, die letztendlich keine Angst mehr vor der Fremden haben.

Dian Fossey im Kreis ihrer Kolleginnen. Von links nach rechts: Dian Fossey, Jane Goodall und Biruté Gladikas.

Der Beginn einer großen Liebe

Mit unendlicher Geduld arbeitet sich Dian Fossey mit der Zeit immer weiter zu den Gorillas vor. Und schafft es schließlich, ein zweijähriges Gorillamännchen zu berühren. Sie gibt ihm den Namen Digit, denn einer seiner Finger (engl.: „digit“) ist

Große Klappe, viel dahinter: Nora Tschirner

Plötzlich lief alles so „schnuffi-schnaffi!"

Nora Tschirner

Schon in der Grundschule engagierte sich Nora Tschirner in zahlreichen Theatergruppen. Mit 13 Jahren spielte sie in der ZDF-Kinderserie „Achterbahn" ihre erste Fernsehrolle. Da war für sie längst klar: Ich will vor die Kamera! In dem Kinofilm „Wie Feuer und Flamme" stellt sie eine „Nena-Anhängerin" dar. Durch ihre Berliner Schnauze und ihre eigenwilligen Sprachkompositionen ist sie bei MTV eine der beliebtesten VJs. In der ARD-Vorabendserie „Sternenfänger" hat sie eine Hauptrolle. Und fast wie nebenbei hat Nora kürzlich im Kinofilm „Soloalbum – der Film" ihr Talent zur großen Kinohauptrolle bewiesen. Nur um dann anschließend in Hamburg auf der Theaterbühne zu stehen. Wie das geht? Für die 22-jährige Nora ganz einfach, denn sie hat eine unglaubliche Energie und hält sich selbst für „wahnsinnig sprunghaft". Fans wie Kritiker sind sich sicher: Von Nora werden wir noch viel sehen und hören!

STECKBRIEF

NAME	Nora Marie Tschirner
GEBOREN AM	12. Juni 1981
GEBOREN IN	Berlin
AUSBILDUNG	Im Jahr 2000 hat Nora ihr Abitur gemacht.
BERUF	Video-Jockey, Schauspielerin
MOTTO	„Man muss nicht immer den bequemsten Weg einschlagen!"

Nora über ihre Leidenschaft für Film und Fernsehen:

Ich wollte seit meiner frühesten Jugend auf die Bühne. Deshalb habe ich mich während der Schulzeit in Theatergruppen engagiert. Dass ich schon immer einen Hang zur Selbstdarstellung hatte, wird in meiner Familie jeder sofort unterschreiben. Mein Vater hatte ständig eine Kamera in der Hand. Im Gegensatz zu meinem Bruder, den das dauernde Gefilme genervt hat, habe ich schon damals einen auf Entertainer gemacht. Das war „Big Brother" im Frühstadium.

Nora dazu, für welche Schauspielkollegen sie schwärmt:

Zum Beispiel Christiane Paul. Auch sie wohnt im Berliner Stadtteil Pankow und will sich nicht ausschließlich für die Arbeit vor der Kamera entscheiden. Sie ist nämlich auch noch Ärztin. Wenn ich mal studiere, dann 99-prozentig etwas, das überhaupt nichts mit meinem jetzigen Beruf zu tun hat. Eher Psychologie.

Nora über ihre Pläne nach dem Abi:

Ich hing zwar rum, habe mich aber nicht verrückt machen lassen. Ich konnte mich schon immer gut mit dem arrangieren, was da war. Ich bin niemand, der der Vergangenheit nachtrauert oder auf die Zukunft hofft. Und

SO WIRST DU VJ BEI MTV

VJs, also Video-Jockeys, werden von MTV regelmäßig gecastet. Um zu solch einem Casting eingeladen zu werden, musst du dich bei MTV bewerben. Dafür gibt es verschiedene Voraussetzungen: Auf jeden Fall musst du 18 Jahre alt sein und ein gepflegtes Äußeres besitzen. Es ist notwendig, die deutsche Sprache zu beherrschen und über sehr gute Englischkenntnisse zu verfügen. Weiterhin brauchst du umfangreiche Kenntnisse der Musik- und Showszene, musst belastbar sein und teamorientiert arbeiten können. Wenn du all diese Punkte erfüllst, steht deiner Bewerbung nichts mehr im Wege. Folgende Unterlagen musst du zusammenstellen: Ein kurzes Anschreiben mit deinen Gründen für die Bewerbung, deinen Lebenslauf, drei bis fünf gute Fotos von dir und ein VHS-Show-Real, ein Demoband mit Show-Atmosphäre, das nicht länger als 15 Minuten lang sein sollte. Neben flotten Sprüchen und witzigen Anmoderationen ist hier auch in puncto Bühnenbild Kreativität gefragt. Am besten du lässt solch ein Videoband vom Fachmann machen. Die ganzen Unterlagen schickst du dann per Post an MTV Networks GmbH & Co. OHG, VJ Casting, Osterwaldstr. 10, Haus B, 80805 München. Mit etwas Glück erhältst du dann bald die Einladung von MTV zu einem ihrer Castings.

plötzlich lief alles wie von selber – schnuffi-schnaffi ein paar Filme gedreht, den Job bei MTV bekommen. Aber ich musste aufpassen, mich nicht total zu verzetteln.

Nora dazu, ob sie Berlin verlassen würde: Im Moment nicht, weil alle meine Freunde in Berlin leben. Aber es gibt viele Orte, wo ich gern mal wohnen würde. Zum Beispiel in Italien oder Frankreich. Generell bin ich aber eher ein Fan des Nordens. Schweden im tiefsten Winter ist toll, ich könnte auch am Nordpol wohnen.

Nora über ihre Hobbys: Ich liebe Lesen. Trotzdem bin ich allerdings meistens schon froh, wenn ich es schaffe, ein Buch ganz durchzulesen. Ich bin eine typische Parallel-Leserin und sehr sprunghaft. Mein Lieblingshobby ist tatsächlich das Träumen. Dabei habe ich aber noch nie den Drang verspürt, alle meine Träume unbedingt verwirklichen zu müssen. Außerdem spiele ich seit gut zehn Jahren Gitarre.

WEBTIPP

www.nora-tschirner.de
Offizielle Fanpage mit News, Gästebuch, Chat und Fotogalerie

www.mtv.de
MTV-Deutschland-Seite

Nora zum Thema Fernsehen und Kino: Ich könnte jeden Tag ins Kino gehen, ich guck auch total gern Fernsehen – im Hotel, wenn ich unterwegs bin. Dass ich ohne Fernseher lebe, war keine Prinzipien-Entscheidung, das hat sich einfach so ergeben, als meine Mutter ausgezogen ist. Wenn ich noch einen Fernseher hätte, würde der mir, glaube ich, meine Zeit rauben.

Nora über ihre Eigenschaften: Ich bin optimistisch, lebe eher aus dem Bauch heraus, bin sprunghaft, humorvoll und unorganisiert. Und ich bin kein Langstrecken-Ehrgeizling. Aber wenn ich mich mal für was entschieden habe, dann will ich das auch supergut machen. Und bin ziemlich enttäuscht, wenn es dann nicht so wird, wie ich mir das vorstelle. Außerdem kann ich mit Stress gut leben, aber ich bin kein Workaholic, und mein Leben steht auf jeden Fall vor meiner Arbeit. Außerdem will ich der schlaueste Mensch der Welt werden. Ich will alle Sprachen sprechen, die es gibt. Ich bin gerade auf dem Ich-will-alles-wissen-was-es-zu-wissen-gibt-Trip.

Nora über ihre Konzentrationsstärke: Als ich mit der Schauspielerei anfing, habe ich trainiert, um in diesem Punkt fit zu sein. Kurzstreckenkonzentration ist absolut meine Sache. Sobald ich ins Interview muss und mich auf Leute konzentriere, hat es schon klick gemacht.

Nora hat noch viel vor. Vielleicht studieren?

Nora über ihre Vorbilder: Das sind meine Mutter, eine Journalistin, und mein Vater, Joachim Tschirner, einer der bekanntesten Dokumentarfilmer der ehemaligen DDR. Mein Vater hat sein ganzes Leben lang Filme mit einem ungeheuer idealistischen Ansatz gemacht. Das finde ich bemerkenswert und daher ist er ein Riesenvorbild für mich. Von ihm habe ich gelernt, dass man nicht immer den bequemsten Weg einschlagen muss.

Nora über ihre Zukunftspläne: Ich will auf jeden Fall bei MTV weitermachen, da gibt es auch schon konkrete Pläne. Aber ich möchte nebenbei weiter schauspielern! Theater macht mir gerade sehr viel Spaß. Man lernt so viel. Ich habe jetzt richtig Blut geleckt und will spielen, spielen, spielen. Ich überlege sogar, ob ich an eine Schauspielschule gehe. Schauspielerin und Moderatorin werden aber sicher nicht die einzigen Berufe in meinem Leben bleiben. Aber für eine langfristige Karriereplanung bin ich nicht der Typ. Ich weiß, dass man nur Augen und Ohren offen halten, die Zeichen erkennen und dann handeln muss. Und schon klappt alles.

Waris Dirie kämpft für die Rechte der Frauen.

Ein somalisches Model im Kampf gegen die Beschneidung

Waris Dirie

Ihre Kindheit verbringt sie in einem der ärmsten Länder Afrikas. Doch anstatt weiter barfuß durch den heißen Wüstensand zu laufen, macht Waris Dirie auf High-Heels Karriere – und kämpft mit ihren Kontakten gegen die Genitalverstümmelung von Mädchen in ihrer Heimat Somalia. Heute kennt das ehemalige Top-Model nur noch ein Ziel: „Ich will die Frauen in Afrika stark machen!"

STECKBRIEF

NAME	Waris Dirie
GEBOREN AM	1965, genaues Datum unbekannt
GEBOREN IN	Somalia. Heute lebt Waris in New York.
AUSBILDUNG	Keine, Alphabetisierungskurs in London
BERUF	Model und UNO-Sonderbotschafterin
MOTTO	„Ich kämpfe so lange, bis die Menschen sagen: ‚Hast du schon gehört, die Genitalverstümmelung ist gesetzlich verboten und unter Strafe gestellt worden!'"

Sie hat geschafft, wovon die meisten Mädchen träumen. Waris Dirie ist es gelungen, als Top-Model neben Claudia Schiffer und Co. eine Superkarriere auf den internationalen Laufstegen hinzulegen. Und das, obwohl sie mit ihrer dunklen Hautfarbe nicht automatisch zu den Favoriten der Fashion-Welt zählt. Neben Waris gibt es schließlich nur noch wenige „Black Beautys" wie Naomi Campbell, Iman oder Tyra Banks. Und keine hat ein ebenso abenteuerliches wie albtraumhaftes Leben hinter sich gelassen wie die Somalierin, die mit ihrer zauberhaften Ausstrahlung die Herzen weltweit eroberte.

Die zwei Leben der Waris D.

Glitzer und Glamour und die Modewelt mit ihren Partys und Promis – all das gehört zum Leben eines Top-Models dazu. Trotzdem hat Waris ihre Kindheit in Somalia nie vergessen. So stöckelt sie inzwischen nicht mehr anmutig über den Laufsteg, sondern marschiert für ihr Lebensziel: Waris nutzt Model-Millionen und Berühmtheit, um in Zukunft zu verhindern, was ihr als kleines afrikanisches Mädchen selbst widerfahren ist. Damals kannte sie nicht nur unvorstellbare Armut, sondern musste auch den Horror der Beschneidung erleben. Nach afrikanischer Tradition werden den Mädchen dabei oft auf bestialische Weise die Genitalien verstümmelt. Dabei trennt man den Kindern lange vor der Pubertät die Klitoris und oft noch die großen und kleinen Schamlippen ab. Als einziges Handwerkszeug dienen häufig eine Rasierklinge oder eine Scherbe. Anschließend werden die Mädchen regelrecht zugenäht: Nur eine winzige, streichholzkopfgroße Öffnung zum Wasserlassen und für die Menstruation bleibt zurück.

BESCHNEIDUNG WELTWEIT

Seit etwa 4000 Jahren wird die Beschneidung von Mädchen in 28 Ländern Afrikas durchgeführt. Auch wenn das grausame Ritual von keiner Religion gefordert wird, ist es in der afrikanischen Kultur fest verankert. Nach wie vor hält sich der Glaube, dass beschnittene Frauen gesündere und bessere Ehefrauen seien. Mädchen, die nicht beschnitten sind, gelten als unrein, finden keinen Mann und damit auch keinen Platz in der Gesellschaft. Viele afrikanische Einwanderer lassen Beschneidungen auch in den USA, Frankreich, Großbritannien, Deutschland und Österreich durchführen. Laut einer Statistik, die die UNO gemeinsam mit der Weltgesundheitsorganisation WHO erhoben hat, werden täglich 6000 Mädchen verstümmelt, die häufig gerade erst das Kindergartenalter erreicht haben. Insgesamt, so schätzt man, sind weltweit 150 Millionen Frauen von der Genitalverstümmelung betroffen. Alleine in Deutschland geht man von 20 000 Frauen und Mädchen aus. Für die Beschneidung werden alte Rasierklingen, Glasscherben, ja sogar rostige Konservendeckel verwendet. Danach näht man die Mädchen mit primitiven Hilfsmitteln wie Dornen so weit zu, dass nur eine kleine Öffnung bleibt. Wer dieses Ritual überlebt, leidet unter Schmerzen beim Urinieren und während der Menstruation. Ein erfülltes Sexualleben ist unmöglich, eine natürliche Geburt in den meisten Fällen lebensgefährlich.

WEBTIPP

www.terre-des-femmes.de
Die Menschenrechtsorganisation für Frauen unterstützt den Kampf gegen die Genitalverstümmelung.

www.amnesty.de
Stellt Genitalverstümmelung als Verletzung der Menschenrechte an den Pranger

www.intact-ev.de
Verein, der die Genitalverstümmelung durch Aufklärung vor Ort beenden möchte

dämmert mit hohem Fieber in einer Hütte vor sich hin. Doch Waris hat großes Glück – sie überlebt den Eingriff! Viele Mädchen, mit denen sie während ihrer Wanderungen durch die Wüste spielte, sind plötzlich einfach fort. Gestorben an der grausamen Verstümmelung, an Schock, schlimmen Infektionen oder Wundstarrkrampf. Eine Tragödie, über die man in der somalischen Wüste kein Wort verliert.

Flucht

Auch Waris erträgt ihr Schicksal, ohne zu klagen und zu jammern. Bis zu dem Tag, an dem ihr Vater sie im Alter von 13 Jahren an einen alten Mann verkaufen will – für fünf Kamele! Waris sieht nur einen Ausweg. Sie läuft weg. Weniger aus Verzweiflung, sondern vielmehr aus Stolz. Sie fühlt, dass es falsch ist, sich aufzugeben und den Männern zu unterwerfen – auch wenn das in ihrer Nomadenwelt so üblich ist. Waris will zu ihrer älteren Schwester Aman, die ebenfalls geflohen ist, um nicht mit einem wildfremden Mann verheiratet zu werden. Doch alles, was sie von Aman weiß, ist, dass sie in die große Stadt wollte – nach Mogadischu. Waris schafft es tatsächlich, sich bis in die somalische Hauptstadt durchzuschlagen. Ihre geliebte Schwester trifft sie nicht. Stattdessen findet sie Unterschlupf im Haus einer Tante. Es ist die Schwester ihrer Mutter, die ursprünglich ebenfalls aus Mogadischu stammte. Nur aus Liebe zu ihrem Mann hatte ihre Mutter eine weitgehend „zivilisierte" Welt verlassen und war mit ihm in die Wüste gegangen.

„Wenn Gott die Teile meines Körpers, die mir heute fehlen, nicht gewollt hätte, warum hat er sie dann geschaffen?"
Waris Dirie

Das Hausmädchen

Waris hält es einige Zeit bei der Tante aus. Doch dann erfährt sie von einem Onkel, der als somalischer Botschafter nach London berufen werden soll. Er ist auf der Suche nach einem Hausmädchen. Waris kann ihre Tante und den Onkel überzeugen, dass sie die Richtige für diese Stelle ist. Und damit beginnt ein großes Abenteuer für das Mädchen, dessen Name übersetzt „Wüstenblume" bedeutet. Ohne lesen und schreiben zu können und ohne jegliche Englischkenntnisse startet sie in ein neues, fremdes Leben. Ein Leben, das ihr viele neue Möglichkeiten eröffnet, aber auch ein Sklavendasein als Angestellte ohne Rechte im Hause des Onkels. Nach vier Jahren scheint alles vorbei zu sein: Der Onkel will mit seiner Familie zurück nach Somalia. War Waris' Flucht umsonst?

London

Um nicht in die Heimat zurückkehren zu müssen, greift das Mädchen zu einer List: Waris gibt vor, ihren Pass verloren zu haben. Nach langen Diskussionen mit ihrem Onkel und ihrer Tante kann sie die beiden überreden, allein in London bleiben zu dürfen. Sie zieht zu einer Freundin und lernt einen Modefotografen kennen, der sie als Model für die bekannten Modemagazine fotografiert. Schon bald posiert sie als Jeans-Girl für Levi's, wird das neue Gesicht für die Beauty-Marken Revlon und L'Oreal und spielt an der Seite von Timothy Dalton im James-Bond-Film „Der Hauch des Todes". Auch privat findet Waris ihr Glück. Sie lernt einen Mann kennen und lieben, mit dem sie einen Sohn bekommt. Und als sie einer Journalistin von ihrer Beschneidung erzählt, tritt sie eine regelrechte Lawine los.

„Meine Kindheit als Nomadin hatte mich auf das Model-Leben bestens vorbereitet: Ich reiste mit leichtem Gepäck (...) und nahm mir, was das Leben zu bieten hatte."

Waris Dirie

Eine mutige Entscheidung

Zum ersten Mal wird das Thema „Genitalverstümmelung" in der Öffentlichkeit wahrgenommen. Dabei will es Waris Dirie nicht belassen. Sie entscheidet sich dafür, dem grausamen Ritual den Kampf anzusagen, und schreibt in ihrem ersten Buch, der Autobiografie „Wüstenblume", darüber. Inzwischen ist sie für die Vereinten Nationen als Sonderbotschafterin aktiv und informiert weltweit über die Beschneidung von Mädchen. Doch Waris Diries Engagement findet nicht nur Beifall. Noch gibt es genügend Männer – und auch Frauen –, die an den überholten Traditionen festhalten möchten. So erhält Waris nach wie vor anonyme Drohbriefe, die sich sogar gegen ihren kleinen Sohn richten. Doch die „Wüstenblume" lässt

Ein Wiedersehen nach 20 Jahren:
Waris und ihre Mutter in Somalia

sich nicht einschüchtern. Lediglich ihre Adresse in New York hält sie geheim.

Rückkehr nach Somalia

Trotz der Wut, die Waris Dirie auf das empfindet, was ihr angetan worden ist, hat sie Sehnsucht nach ihrer Heimat. 20 Jahre nach ihrer Flucht entschließt sie sich zurückzukehren, um sich auf die Suche nach ihren Eltern und Geschwistern zu machen. Unterstützt wird sie dabei von einem ihrer Brüder, dem es gelungen ist, in die Niederlande auszuwandern. Gemeinsam machen sie sich auf die Reise. Doch die Heimat hat sich verändert, Krieg und Terror beherrschen den Alltag. Selbst die Nomadenfamilien in der Wüste bleiben nicht davon verschont. Aber Waris und ihr Bruder geben nicht auf und haben Glück: Die Geschwister treffen auf einen Cousin, der ihnen den Weg zur Hütte der Mutter beschreiben kann. Er weiß auch, dass Waris' Vater nicht mehr bei der Familie lebt, sondern halb blind in einem Krankenhaus liegt.

Fremde Heimat

Aufgeregt wie ein kleines Mädchen erreicht Waris die Wüste. Unglaublich: Obwohl Waris schon rein äußerlich nichts mehr mit der 13-jährigen Ausreißerin zu tun hat, wird sie von ihrer Familie mit offenen Armen empfangen. Aber Waris spürt, dass sie sich nicht nur optisch verändert hat. Sie genießt zwar die Geborgenheit, aber die schrecklichen Erinnerungen an die grausame Beschneidung kehren zurück. Inzwischen kennt Waris den wahren Hintergrund dieses Rituals. Sie weiß, dass es nur dazu dient, Frauen zu sexuell gefühllosen Wesen zu machen, damit sie sich den Männern unterordnen. Und so fühlt sie sich fremd in der Heimat. Sie will nicht leben in einem Land, wo Frauen nichts wert sind und nur Männer das Sagen haben. Natürlich hat sich Waris in der Zwischenzeit auch an den Lebensstandard der westlichen Welt gewöhnt. Logisch, dass sie sich jeden Tag zweimal die Zähne putzt. Doch das sorgt für Streit mit der Familie. Denn zum Zähneputzen braucht man Wasser. In einem Land, das ständig von Dürreperioden heimgesucht wird, ist das ein unvorstellbar kostbares Gut – viel zu schade zum Zähneputzen. So muss Waris erkennen, dass sie in ihrer somalischen Heimat nicht mehr zu Hause ist. Sie nimmt Abschied von ihrer Familie und kehrt nach New York zurück. Um die Eindrücke ihrer Reise zu verarbeiten, schreibt Waris ein zweites Buch, in dem sie ihre Erlebnisse als „Nomadentochter" schildert. Den Kampf gegen die Beschneidung hat sie nicht aufgegeben. Sie wird so lange weitermachen, bis ihr Traum in Erfüllung geht und kein Mädchen mehr das Schicksal der „Wüstenblume" erleiden muss.

DER VEREIN (I)NTACT

Die Internationale Aktion gegen die Beschneidung von Mädchen und Frauen ist ein eingetragener Verein, der sich aktiv gegen die körperliche Verstümmelung von Mädchen einsetzt – ohne sich dabei unnötig in die fremde Kultur einzumischen. In erster Linie möchte (I)ntact möglichst viele Menschen über das grausame Ritual aufklären. Zu diesem Zweck werden zahlreiche afrikanische Partnerschafts-Organisationen in ihrer Aufklärungsarbeit unterstützt. Dabei bemüht man sich beispielsweise, den Beschneiderinnen andere berufliche Perspektiven aufzuzeigen. Nur wenn sie ein anderes Auskommen finden können, werden sie diesen blutigen Brauch beenden. Inzwischen sind immer weniger afrikanische Frauen vom Sinn der Beschneidung überzeugt und möchten ihre Töchter davor schützen. Doch dazu brauchen sie Mut, Ausdauer – und unsere Hilfe.

ADRESSEN

Wenn du Informationsmaterial zum Thema Beschneidung anfordern möchtest, wendest du dich an:

(I)ntact e. V.
Internationale Aktion gegen die Beschneidung von Mädchen und Frauen
Johannisstr. 4
66111 Saarbrücken
TELEFON 06 81–3 24 00
FAX 06 81–9 38 80 02

Ex-Skingirl Norma W. will unerkannt bleiben.

„Ich war blind vor Hass."

Norma W. aus Leipzig

Im Jahr 2003 zählte das Bundesamt für Verfassungsschutz in Deutschland etwa 2200 Personen zur rechtsradikalen Szene. Die meisten Neonazis sind zwischen 18 und 25 Jahren alt, etwa zehn bis 20 Prozent davon sind weiblich. Aber das sind nur die offiziellen Zahlen. Die Dunkelziffer liegt weitaus höher, denn nicht jeder mit rechtsradikalem Gedankengut ist auch in so genannten „Kameradschaften" aktiv, die von den Verfassungsschützern beobachtet werden. Die siebzehnjährige Norma war eine von ihnen. Was sie zu den Neonazis trieb und warum sie wieder ausgestiegen ist, erzählt sie hier. Weil Norma Angst vor ihren „alten Freunden" hat, will sie dabei anonym bleiben.

STECKBRIEF

NAME	Norma W.
GEBOREN AM	13. Juli 1985
GEBOREN IN	Leipzig
AUSBILDUNG	Realschule
BERUF	Schülerin
MOTTO	„Denk nach, bevor du anfängst zu hassen."

Was macht ein Skingirl aus?

Hauptsächlich die Klamotten und die Optik. Man trägt Springerstiefel und Bomberjacke und hat die Haare kurz geschoren. Ich hatte auch einen dieser typischen „Feather Cuts": Dabei bleiben nur die Deckhaare lang. Alles, was darunter ist, ist kahl. Viele Skingirls tragen auch einen Irokesenschnitt oder Glatze.

Ist ein Skingirl immer ein Neonazi?

Ich weiß, dass ich mich jetzt unbeliebt mache. Aber die meisten Skingirls sind auch Faschos. Sie hassen Ausländer und prügeln notfalls auch mal drauflos. Die ganze Szene ist ziemlich gewalttätig, auch wenn das die meisten bestreiten. Da gibt es zum Beispiel im Internet so eine Seite mit Skingirl-Storys. Doch keines von den Mädchen würde dort sagen, was politisch Sache ist. Ganz einfach deshalb, weil die Mädels genau wissen, dass ihre Site vom Server verschwindet, sobald da Fascho-Sprüche auftauchen.

■ *Wie bist du Skingirl geworden?*

So wie die meisten anderen auch. Mit 15 hab ich nen Typen kennen gelernt, in den ich mich verknallt habe. Der hat mich dann auf Partys und Konzerte mitgenommen. Da laufen dann die ganzen Hits von diesen Fascho-Bands. Und dazu betreiben die Skins ihren Lieblingssport – mit anderen Worten Kampftrinken. Wenn sie dann gut getankt haben, geht's los mit der Lästerei. Und irgendwann sagt dann einer, dass man doch noch ne Runde „Linke" oder „Fidschis" klatschen gehen könnte.

■ *Was ist damit gemeint?*

Linke sind alle, die nicht Skin sind. Und solche, die nicht angepasst rumlaufen. Zum Beispiel Leute aus der Hip-Hop-Szene, die man leicht an ihren Klamotten (Baggy-Pants und so) erkennt. Und Fidschis sind Ausländer. Bei uns in Leipzig, aber auch im Ostteil von Berlin, wohnen viele Asiaten. Vor denen haben die Faschos am meisten Angst.

„Dieser ganze Hass, der dir immer wieder vorgekaut wird, funktioniert wie eine Gehirnwäsche."

Norma W.

■ *Wovor haben die Angst?*

Also nicht davor, dass die Ausländer die Faschos verprügeln könnten. Das ist so ne ganz allgemeine Angst von wegen: Die nehmen uns die Jobs, die Arbeit und die Frauen weg!

■ *Wieso hast du auch daran geglaubt?*

Die Eltern von meinem Exfreund waren auf Wohnungssuche. Dabei haben sie mitbekommen, wie das Sozialamt einer ausländischen Familie mit drei Kindern eine Wohnung zugeteilt hat, die sie gerne gehabt hätten. Zu Hause haben die dann

zehn oder elf Jahre alt. Sie haben sie rumgeschubst, sie an den Haaren gezogen und sie übelst beschimpft. Und das nur, weil sie eine dunkle Hautfarbe hatte. Die Kleine hat am ganzen Körper gezittert und konnte noch nicht einmal schreien vor lauter Angst. Irgendwie haben sich unsere Blicke getroffen und sie hat mich mit ihren großen Augen angefleht, ihr zu helfen. Ich hab ihr nicht geholfen. Und ich konnte die ganze Nacht nicht schlafen, weil ich diesen Blick nicht mehr vergessen konnte. Als ich meinen Freund darauf angesprochen habe, hat er mir eine gescheuert und gemeint, dass ich mich nicht einmischen soll. Diese Zecken hätten es nicht anders verdient.

ADRESSEN

Exit
Telefon 0 171–7 13 64 52
Die Mitarbeiter sind zu ihrem eigenen und zum Schutz der Aussteiger nur über Handy zu erreichen.

■ ***Bist du dann einfach abgehauen ?***

So einfach kommt man aus so einer Clique nicht raus. Mein Freund hat mich bedroht und gesagt, dass es mir schlecht ergeht, wenn ich es wage, mich von ihm zu trennen. Aber ich konnte da einfach nicht mehr mitmachen. Irgendwann fand ich die ganze Sauferei, die Schlägereien und den Unsinn, der die ganze Zeit erzählt worden ist, einfach unerträglich.

AUSSTEIGER-PROGRAMME

Exit ist ein Programm für jugendliche Neonazi-Aussteiger und -Aussteigerinnen. Dort wissen die Sozialarbeiter sehr genau, dass die rechtsextreme Szene niemanden so leicht freigibt und aussteigewillige Jugendliche mit Gewalt terrorisiert. Deshalb ist es für viele wichtig, ihr Lebensumfeld zu verlassen und sich woanders eine Zukunft aufzubauen. Dabei hilft Exit, indem es den Betreffenden bei der Wohnungs- und Jobsuche hilft. Exit berät aber auch in strafrechtlichen Fragen und vermittelt Anwälte, da sich viele Jugendliche mit Übergriffen auf Ausländer strafbar gemacht haben. Exit richtet sich zudem an Eltern von Kindern, die in rechtsextreme Gruppen geraten sind. Außerdem führt Exit ein Präventionsprogramm in Jugendclubs und Schulen durch.

■ ***Wie hast du den Absprung dann letztendlich doch noch geschafft?***

Meine Eltern haben mir geholfen. Ich hatte zwar während meiner Skingirl-Zeit überhaupt keinen Draht mehr zu ihnen. Aber als ich nicht mehr weiterwusste, waren sie Gott sei Dank wirklich für mich da. Ich habe mich bei ihnen ausgeheult und für sie war sofort klar, dass sie mir helfen wollen, da rauszukommen. Sie haben mit einer Tante von mir in Berlin telefoniert und alles klar gemacht, dass ich eine Weile bei ihr wohnen und die Schule zu Ende machen kann. In Leipzig kann ich erst mal nicht bleiben. Ich habe zu viel Angst vor meinem Exfreund und der Clique. Hier in Berlin gibt es ein paar Programme für ehemalige Neonazis. Ich war schon ein paarmal bei solchen Treffen. Und in meiner neuen Schule habe ich mich sogar mit einem Mädchen aus der Türkei angefreundet. Sie ist Kurdin. Ihre Eltern sind nach Deutschland gekommen, weil sie in ihrer Heimat politisch verfolgt werden. Ihre Lebensgeschichte ist mir sehr nahe gegangen. Dabei gehört sie zu denjenigen, die ich früher gehasst habe. Heute kann ich mir das kaum noch vorstellen. Wir sind gute Freundinnen geworden, sie kann unglaublich gut zuhören und ist immer für mich da, wenn es mir schlecht geht. Und ich weiß, dass sie mir weder eine Wohnung noch einen Job wegnehmen würde. Das ist doch alles totaler Unsinn. Sie ist ein unglaublich wertvoller Mensch. Und dass das nichts mit Herkunft oder Hautfarbe zu tun hat, ist mir erst jetzt klar geworden.

Irgendwann fand Norma die Gewalt und Aggressionen unerträglich.

„Die meisten Neonazis haben sich noch nie mit einem Asylbewerber unterhalten, der aus Angst um sein Leben aus seiner Heimat geflohen ist."

Norma W.

PS.: Norma lebt seit einem halben Jahr in Berlin und besucht dort eine Realschule. Nach ihrem Abschluss möchte sie gern weiter zur Schule gehen oder eine Ausbildung in einem sozialen Beruf machen. Sie kann sich auch vorstellen, als Sozialarbeiterin mit Skingirls zu arbeiten, da sie genau weiß, was in den Mädchen vorgeht und unter welchen Repressalien sie oft zu leiden haben.

Hélène Grimaud hört auf ihre innere Stimme.

Die Wolfsfrau am Klavier

Hélène Grimaud

Hélène Grimaud ist Pianistin. Mit ihrem eigenwilligen Klavierspiel begeistert sie Zuschauer wie Kritiker. Sie wirkt zart und zerbrechlich, doch ihr Spiel strotzt vor Kraft und Leidenschaft. Neben der Musik hat sie eine zweite Passion: Zusammen mit ihrem Lebensgefährten gründete sie das Wolf Conservation Center und setzt sich aktiv für die bedrohte Tierart ein. „Von den Wölfen", so die gebürtige Französin, „können wir lernen, ein Gespür für die Natur, für uns selbst zu entwickeln." Denn von einem ist sie überzeugt: „Unsere Herkunft und unsere Lebensumstände bestimmen, wer wir sind. Doch wer wir sein werden, bestimmen wir selbst."

STECKBRIEF

NAME	Hélène Grimaud
GEBOREN AM	7. November 1969
GEBOREN IN	Aix-en-Provence, Frankreich
AUSBILDUNG	Musikstudium; Studium der Verhaltensforschung
BERUF	Pianistin
MOTTO	„Wir sind Teil der Natur. Was wir ihr antun, tun wir uns selbst an."

Eine Entwicklung, die manchmal länger dauert, als man denkt. Hélène ist kein einfaches Kind. Sie ist ruhelos, hyperaktiv und stellt Fragen, die alle nerven und keiner versteht. Das Mädchen hat einen krankhaften Ordnungstick, faltet mehrmals am Tag ihre Pullis neu, damit sie auch wirklich absolut symmetrisch im Schrank liegen. Mit anderen Kindern kommt Hélène nicht wirklich zurecht, will nicht mit ihnen spielen. Stattdessen verkriecht sie sich in der großen Bibliothek der Eltern, die beide an der Universität von Aix-en-Provence Sprachen unterrichten. Die Eltern sind verzweifelt. Sie schicken die Tochter ins Ballett und zum Tennisspielen, damit sie ihre überschüssige Energie loswird. Ohne Erfolg. Bis endlich ein Lehrer Hélènes außergewöhnliches musikalisches Talent entdeckt. Zu diesem Zeitpunkt ist das Mädchen bereits neun Jahre alt.

Musik ist die Rettung

Heute weiß Hélène: „Die Musik hat meinem Leben einen Sinn gegeben. Ich hatte viel zu viel Fantasie, die Wirklichkeit hat mir nie genügt. Erst die Musik hat mich völlig vereinnahmt. Ich verbrachte jede Menge Zeit damit, Klavier zu spielen, habe sozusagen in Musik gebadet."

Hélène geht aufs Konservatorium in Aix. Sie arbeitet hart und macht große Fortschritte. Nach nur vier Jahren können sie die Lehrer nicht mehr angemessen unterrichten. Sie soll nach Paris an die Musikhochschule – ein Vorschlag, gegen den sich die Eltern heftig wehren. Hélène ist erst zwölf und ihr einziges Kind. Schließlich findet man eine Regelung: Hélène studiert zwei Tage die Woche in Paris, ansonsten wohnt sie bei ihren Eltern in Aix-en-Provence, wo sie auch weiterhin aufs Konservatorium geht. An der Pariser Musikhochschule ist Hélène mit Abstand die Jüngste. Sie studiert schnell, macht ihr Examen mit sechzehn Jahren und nimmt währenddessen bereits die

„Es geht nicht darum, das, was kommt, zu entdecken, sondern es zu erfinden."

Hélène Grimaud

HELENE: SO MACHST DU DEINEN WEG

- Lass dir von niemandem einreden, dass deine Träume Unsinn sind. Etwas Herablassenderes kann man kaum gesagt bekommen, und es wäre schlimm, sich davon beeinflussen zu lassen.
- Wenn du ein Stück einübst und du kommst an eine schwierige Stelle, dann ist sie deshalb schwierig, weil du denkst, dass sie schwierig ist. Das ist wie ein Reflex. Dein Kopf sendet ein Signal aus, das sagt: „Das ist schwierig." Stattdessen solltest du deine Aufmerksamkeit auf den Klang, die Musik selbst richten. Wenn du mitdenkst, was davor und danach kommt, gibt es keine Probleme.
- Lass dich durch Kritik nicht entmutigen. Du weißt selbst, wann du nicht gut bist, und zwar besser als jeder andere.
- Geh auch mal ein Risiko ein: Ein echter Künstler braucht das Gefühl der Gratwanderung, das Gefühl, abstürzen zu können.
- Und denk dran: Wichtig ist nicht, was dir widerfährt, sondern was du daraus machst.

CD TIPP

Von Hélène Grimaud:
Brahms
Klavierstücke,
Erato 1996

Gershwin/Ravel
Klavierkonzert F-Dur/
Klavierkonzert G-Dur,
Erato 1997

Brahms
Klavierkonzert Nr. 1,
op. 15 d-Moll,
Erato 1998

Beethoven
Klaviersonaten 30/op. 109,
31/op. 110,
Teldec 1999

Rachmaninow
2. Klavierkonzert,
Teldec 2001

Artist Portrait
Hélène Grimaud,
Warner 2002

erste Schallplatte auf: Rachmaninow, Sonaten und Etüden. Daniel Barenboim, selbst ein berühmter Pianist und Dirigent, hört die Siebzehnjährige auf dem Festival von Aix. Er ist fasziniert von ihrem intensiven Spiel. Schon ein halbes Jahr später debütiert Hélène auf Einladung Barenboims mit seinem Orchester in Paris. Sie spielt das Klavierkonzert in Es-Dur von Franz Liszt.

Die Macht der Liebe

Egal, wo Hélène danach spielt und auftritt, sie erregt große Aufmerksamkeit. Ihre erste Platte erhält den Grand Prix du Disque. Daniel Barenboim, der russische Violinist Gidon Kremer und die Pianistin Martha Agerich sind wichtige Förderer. 1990 debütiert Hélène in Amerika – und beschließt, ganz nach New York zu ziehen. „Ich hatte niemals das Gefühl, in Frankreich verwurzelt zu sein. Überall sonst auf der Welt fühlte ich mich mehr zu Hause als dort. Wahrscheinlich bin ich

FRAUEN IN DER KLASSISCHEN MUSIK

Anne Sophie Mutter, Cecilia Bartoli, Martha Agerich – alles berühmte Namen, die aus der klassischen Musik kaum mehr wegzudenken sind. Auch wenn es mittlerweile zunehmend mehr Solistinnen gelingt, sich durchzusetzen, gab und gibt es in der Geschichte auffallend wenige Dirigentinnen und Komponistinnen. Vor allem in den Orchestern sieht es bis heute zappenduster aus – ganz besonders im deutschsprachigen Raum. Die Wiener Philharmoniker konnten sich bis Ende des 20. Jahrhunderts gegen die Anstellung weiblicher Orchestermitglieder wehren. Heute liegt ihr Frauenanteil bei einem Prozent, bei den Wiener Symphonikern bei zwei Prozent. Die deutschen Spitzenorchester beschäftigen gerade einmal elf Prozent Frauen, in den USA sind es immerhin 25 Prozent. Die klassische Musik ist also nach wie vor eine Männerdomäne. Frauen, die hier etwas erreichen, sind überdurchschnittlich begabt und müssen sich ihre Position hart erkämpfen.

deshalb in Amerika gelandet." Deshalb und weil sie sich verliebt hat – erst in einen Mann, dann in eine Wölfin. Der Mann ist J. Henry Fair, ein Fotograf, den Hélène beim Foto-Shooting kennen lernt: „Ich wusste sofort, wie unser gemeinsames Leben aussehen würde. Es hat dann noch ein Jahr gedauert, bis es so weit war. Jetzt sind wir zusammen."

Hélène, aufgenommen von ihrem Partner J. Henry Fair

Die Welt der Wölfe

Die Wölfin, die Hélènes Leben einschneidend verändern wird, ist die Gefährtin eines Einzelgängers in Florida. Hélène begegnet den beiden auf einem nächtlichen Spaziergang: „Die Wölfin sah mich an – und das hat etwas in mir zum Klingen gebracht. Genauer kann ich das nicht erklären, aber ich spürte eine ausgesprochen starke Verbindung." Nach diesem ersten Zufallstreffen legt es Hélène auf weitere Begegnungen an. Schon beim zweiten Mal lässt sich die Wölfin von ihr streicheln. Und bei der dritten Begegnung geschieht etwas Ungewöhnliches: Die Wölfin wirft sich vor Hélène auf den Rücken und hält ihr den Bauch hin – einen größeren Vertrauensbeweis gibt es nicht. Hélène hat eine Seelenverwandte gefunden. Sie beschäftigt sich intensiv mit dem Verhalten der Wölfe. „Wölfe sind geheimnisvolle Geschöpfe. Sie sind dem Menschen fremd und gleichzeitig vertraut. Für mich sind sie ein Vorbild, weil wir von ihnen lernen können, wie wir mit der Natur und dem Ökosystem Erde umgehen sollten." Hélène will etwas tun, sich engagieren für die bedrohte Tierart, die in den 60er-Jahren des 20. Jahrhunderts beinahe ausgerottet wurde. Sie errichtet ein Gehege für fünf Wölfe, die in Wildparks in Pennsylvania nicht mehr unterkamen. Um die Genehmigung für diese Einrichtung zu erhalten, absolviert sie 1500 Kursstunden und zahlreiche Praktika. Mit der Zeit kommen zehn weitere Wölfe hinzu. Damit die Tiere auch gut versorgt werden, wenn Hélène auf Tournee ist, hat sie eine anerkannte Expertin hinzugezogen, die sich in dieser Zeit um die Wölfe kümmert.

„Ich bin jemand, der beim Musikmachen absolut auf Risiko setzt."

Hélène Grimaud

„Es gibt einige Pianistinnen in meinem Alter oder jünger, die fantastisch spielen. Ich verstehe nicht, warum sie nicht öfter Konzerte geben und nicht besser bekannt sind. Der einzige Grund, den ich mir denken kann, ist der, dass sie Frauen sind."

Hélène Grimaud

Das Wolf Conservation Center

1999 gründet Hélène Grimaud einen gemeinnützigen Verein, das Wolf Conservation Center in South Salem, wo sie heute mit vier Wölfen lebt. Sie wird sehr wütend, wenn man ihr Engagement für die Wölfe als bloßes Hobby abtut. Die Pianistin macht sich rar im Musik- und Konzertbetrieb, nur um bei ihren Wölfen sein zu können und sich mit den freiwilligen Helfern um sie zu kümmern. Dabei muss sie sorgfältig auf ihre Hände achten – Hände, die so „explosiv" und „exquisit" in die Tasten greifen, dass Kritiker in Verzückung geraten: „So leuchtend klar kann, nein: muss Musik sein, so plastisch und unumgänglich. Hélène Grimaud erzählt. In den hellsten, höchsten, schönsten Tönen. Eine Dichterin am Klavier, eine grandiose Stilistin." Hélène hält sich nicht an Regeln, weder was die Zusammenstellung der Stücke angeht noch ihr Spiel. Sie entspricht so gar nicht dem Klischee der klassischen Bühnendiva – von Zicke keine Spur. Für ihre Auftritte kleidet sie sich eher lässig. Sie spielt instinktiv, kann die Musik nicht nur hören, sondern sieht sie farbig vor sich: bunte Formen, Klang-

WÖLFE IN DEUTSCHLAND

Langsam, aber sicher kehren die Wölfe nach Deutschland zurück. 150 Jahre lang galt der Wolf in Deutschland als ausgerottet. 1996 stießen Förster in Oberlausitz/Sachsen vereinzelt auf Wolfspuren, 2000 wurde das erste Rudel gesichtet. 2002 lebten in Deutschland schätzungsweise 15 Wölfe (in Europa sind es 20 000). Der Wolf, der im Märchen oft zu Unrecht als böser Wolf verunglimpft wurde, steht in Europa unter strengem Artenschutz. Umweltaktivisten und Wolfforscher freuen sich über seine Rückkehr, denn der Wolf fühlt sich nur in intakter Natur wohl. Das Engagement der Wolfschützer der Wildbiologischen Gemeinschaft München ist groß. Nach ihrem „Wolf Management Plan" könnten in den Wäldern der Schorfheide und der Märkischen Schweiz nordöstlich von Berlin 200 Wölfe angesiedelt werden.

farben, die sie einem Instrument entlockt, das sie als schwierig und sperrig empfindet. Und doch beherrscht sie dieses Instrument meisterhaft.

Mut zum Risiko

Sie liebt das Risiko, die Einmaligkeit des öffentlichen Auftritts. Denn auf der Bühne fließt das Blut schneller und das Herz beginnt zu rasen. „Auf der Bühne zu sein ist hochgefährlich. Es ist wunderbar und schrecklich zugleich. Das Wichtigste ist, dass du spielst, als gäbe es kein Morgen.“ Sie kommt niemals wirklich glücklich von der Bühne. Am intensivsten übt sie nach einem Konzert, denn dann spürt sie, wie das Werk hätte klingen sollen. Hélène übt mehr als die Hälfte der Zeit im Kopf. Gedanklich geht sie das Stück so lange durch, bis sie eine genaue musikalische Vorstellung davon hat. Und vom ständigen Wiederholen schwieriger Stellen am Klavier hält sie wenig, weil dann die Frische des Spiels verloren geht. „Die besten Konzerte, die ich gehört habe, waren zugleich die unkorrektesten. Da gab es viele falsche Noten. Der Pianist ist das Risiko eingegangen, falsch zu spielen. Aber der Geist der Musik war da und das ist das Wichtigste. Das Konzert ist *der* Moment überhaupt; da gibt es kein Vorher und kein Nachher. Ein magischer Moment, den man so wohl nur in diesem Beruf erleben kann.“

Eigene Maßstäbe

Die Musik hat sie gelehrt, sich nicht mit anderen zu vergleichen. Stattdessen misst sie sich an ihrem jeweils letzten besten Versuch. Sie ist fasziniert davon, immer wieder etwas Neues dazuzulernen, dankbar für die Erfahrung, Menschen mit ihrer Musik glücklich machen zu können. Und irgendwann einmal möchte sie, die privat nicht verreist, weil sie beruflich so viel unterwegs ist, nach Patagonien. „Doch wenn ich dann von Reiseabenteuern höre, denke ich mir oft: Sich auf eine Bühne zu setzen und bis an seine Grenzen zu gehen – ist das nicht ein viel größeres Abenteuer?“

ADRESSEN

Wolf Conservation Center

SITZ	South Salem, New York
ZIELE	Schutz der Wölfe durch Aufklärung
INTERNET	www.nywolf. org Hier findest du einen Veranstaltungskalender und verschiedene Möglichkeiten, wie du die Arbeit des Centers unterstützen kannst.

WEBTIPP

www.helenegrimaud.com
Website über Hélène Grimaud

www.wolves.de
Wölfe in Deutschland

Joanne K. Rowling lässt Leserherzen höher schlagen.

Harry Potters Mutter

Joanne K. Rowling

Es war einmal ein blasses Kind mit Puddinggesicht und dicker Brille, das von seinen Klassenkameraden als doofe Streberin verspottet wurde. Wer hätte gedacht, dass dieses Mädchen einmal von Kindern auf der ganzen Welt verehrt würde, weil es ihnen die zauberhaften Geschichten vom Zauberlehrling Harry Potter geschenkt hat? Und so ganz nebenbei noch die erfolgreichsten Bücher aller Zeiten schrieb und den Hollywood-Giganten Warner Bros. bei ihrer Verfilmung beriet?

STECKBRIEF

NAME	Joanne Kathleen Rowling
GEBOREN AM	31. Juli 1965
GEBOREN IN	Chipping Sodbury, Gloucestershire, Großbritannien
AUSBILDUNG	Französisch- und Altphilologie-Studium an der Universität von Exeter
BERUF	Recherche-Assistentin von Amnesty International, Englisch-Lehrerin in Portugal, Autorin
MOTTO	„Mit meinem eigenen Leben würde ich mich langweilen, deshalb erfinde ich so gerne Geschichten."

In Hogwarts Zauberschule geht es hoch her. Und das nicht nur, wenn Zauberlehrling Harry Potter beim Quidditch zeigen muss, was er für Tricks draufhat. Mit seinen Kumpels und Freundin Hermine besteht er ein fantastisches Abenteuer nach dem anderen. Da liegt es nahe, dass die Erfinderin der Geschichten um Harry Potter, Joanne K. Rowling, eine mindestens ebenso aufregende Kindheit gehabt haben muss wie ihr Romanheld Harry. Weit gefehlt, denn Joanne K. Rowling weiß bis heute nicht, woher sie ihre Einfälle für die fantastische Zauberschule und den klugen, kleinen Harry nimmt: „Ich habe keine Ahnung, wo diese Ideen herkommen oder wie meine Fantasie arbeitet. Ich bin bloß dankbar, dass sie es tut." Denn dieser blühenden Fantasie verdankt die drittreichste Frau Großbritanniens ihr geschätztes Vermögen von 25 Millionen Euro. Die ersten fünf Harry-Potter-Bände wurden in 35 Sprachen übersetzt und machen weltweit mehr als 40 Millionen

Kinder glücklich. Und J. K., wie sie von vielen genannt wird, hat weitere zwei Bände in Planung. Da stellt sich für viele die Frage: alles Zauberei?

Eine langweilige Kindheit auf dem Land

Joanne verlebt eine ganz normale „Muggel"-Kindheit: Ihr Vater ist Manager beim Autohersteller Rolls-Royce, die Mutter eine Laborantin französisch-schottischer Abstammung. Mit ihnen und ihrer zwei Jahre jüngeren Schwester Diane wächst sie in einem Vorort von Bristol auf. Joanne ist ziemlich schüchtern und verbarrikadiert sich lieber hinter ihren Büchern, als mit Freundinnen Barbie zu spielen. Im Alter von sechs Jahren schreibt sie ihre erste Geschichte über einen Hasen namens „Rabbit". Der arme Kerl bekommt die Masern und übersteht die Krankheit nur mit Hilfe seiner Freundin, einer Biene namens „Miss Bee". Erst als sie neun Jahre alt ist und die

MÖRDERISCHE SCHWESTERN

Damit mehr Autorinnen eine Chance im Buchgeschäft haben, fanden sich 1986 in den USA einige findige Schriftstellerinnen zusammen. Ziel der auf Krimis spezialisierten Autorinnen war es, ein Netzwerk zu gründen, um sich bei der Veröffentlichung ihrer Werke gegenseitig zu unterstützen. Bei regelmäßigen Treffen helfen sie sich gegenseitig, ihre Plots weiterzuentwickeln. Und so dauerte es nicht lange, bis die „Sisters in Crime" Buchhändlerinnen, Agentinnen oder Übersetzerinnen fanden, die für die Veröffentlichung ihrer Romane sorgten. Inzwischen hat der Verband weltweit mehr als 3200 Mitglieder, in Deutschland schreiben und arbeiten 220 „Sisters in Crime". Wer schreiben möchte, findet in Literaturhäusern, die es in allen großen Städten gibt, zahlreiche Anregungen oder Kontakte zu Agenten, die wiederum an die Verlage vermitteln. Wer dranbleibt und sich nicht scheut, die eigenen Texte immer wieder zu überarbeiten, kann sich vielleicht eines Tages seinen größten Wunsch erfüllen und seinen Namen gedruckt auf einem Buchrücken lesen.

WEB TIPP

www.sinc.de
Die Homepage der deutschsprachigen „Sisters in Crime" mit Kontaktadressen und Veranstaltungshinweisen

Eine aufregende Sache. Wie hast du dich auf den Gipfel vorbereitet?

Ich musste mich natürlich in die Thematik der UNICEF-Kinderrechtskonvention einarbeiten. Aber wir wurden auch von der Bundesregierung unterstützt. Am meisten beeindruckt hat mich ein Vorbereitungswochenende, das in Berlin stattfand. Bei dieser Gelegenheit habe ich sogar Kofi Annan getroffen.

Das ist der Generalsekretär der UNO, also der oberste Boss. Hattest du das Gefühl, dass euch ein so wichtiger Mann trotzdem ernst nimmt?

Absolut. Hundertprozentig. Ein Flüchtlingskind und ich hatten das Glück, in einer ganz kleinen Runde mit Herrn Annan und seiner Frau zusammenkommen zu können. Er ist sehr daran interessiert, was sich Kinder wünschen. Und seine Frau ist auch sehr, sehr engagiert in einem Flüchtlingsprojekt.

Hast du den Eindruck, dass alle Politiker so ernsthaft mit euren Anliegen umgehen?

Nein, das kann ich nicht behaupten. Natürlich sind alle Politiker extrem freundlich zu uns, weil wir uns ja für Kinderrechte einsetzen. Was sollen die da schon anderes machen? Trotz-

WEBTIPP

www.minimunich.muc.kobis.de/jetztodernie/
Homepage der Zeitung „Jetzt oder nie!?“

www.kindergipfel.de
Alle wichtigen Infos sowie der Forderungskatalog, den die Kinder aufgestellt haben

www.kulturundspielraum.de
Internetauftritt der Münchner Initiative mit starken Tipps, wie sich Kinder und Jugendliche politisch und sozial engagieren können

www.dkhw.de
Website des Deutschen Kinderhilfswerks e. V.

www.kindersache.de und www.kinderpolitik.de
Website mit Infos und Tipps rund um kinderpolitische Themen

www.unicef.de
Deutsche UNICEF-Seite mit allen Aktionen und Mitmachmöglichkeiten

WELTKINDERGIPFEL

Im Mai 2002 befasste sich eine Sondertagung der Generalversammlung der Vereinten Nationen in New York zum ersten Mal ausschließlich mit Themen, die Kinder angehen. Bei dieser Tagung wurden Probleme behandelt, die die gesunde Entwicklung von Kindern auf der Welt behindern. Aber auch die Fortschritte, die seit dem ersten Weltkindergipfel 1990 erzielt worden sind, kamen zur Sprache. Die Teilnehmer – darunter 76 Staats- und Regierungschefs – haben eine Agenda für Kinder im 21. Jahrhundert verabschiedet. Die darin aufgelisteten Punkte beruhen auf der UN-Kinderrechtskonvention von 1989 und müssen in allen Regionen der Erde anwendbar sein.

dem merkt man vielen deutlich an, was sie denken. Nämlich dass wir ja doch „nur“ Kinder sind und überhaupt keine Ahnung vom Leben haben.

> „Alle Zigarettenautomaten sollten abgehängt bzw. unzugänglich gemacht werden. Außerdem sollte das Rauchen in Räumen, die Kinder nicht selbstständig verlassen können, verboten werden.“
>
> Ellena Schubert

■ ***Das scheint dich sehr zu ärgern.***

Total. Wie kann ein Erwachsener behaupten, dass er mehr Ahnung vom Leben hat als Kinder? Ich würde gern einmal einen europäischen Politiker neben ein afrikanisches Flüchtlingskind stellen! Das Kind hat garantiert tausendmal mehr Lebenserfahrung! Und wie sollen Kinder lernen, später als Erwachsene respektvoll miteinander umzugehen, wenn ihnen selber kein Respekt entgegengebracht wird?

■ ***Wäre denn die Welt friedlicher, wenn Kinder mehr zu sagen hätten?***

Nein, das würde ich so nicht behaupten. Aber wenn die Erwachsenen dafür sorgen würden, dass Kinder behüteter aufwachsen, weniger Grausamkeiten erleben und vor allem eine vernünftige Ausbildung erhalten, dann glaube ich ganz fest, dass sich das Gute im Menschen durchsetzt.

■ ***Mit welchen Themen habt ihr euch auf dem Kindergipfel beschäftigt?***

Wir hatten sieben Themenbereiche, die wir in Arbeitsgruppen behandelt haben. Dabei ging es um Bildung, Schutz von Kindern in Kriegsgebieten, Kinderbeteiligung am zivilen und politischen Leben, Schutz von Opfern von sexueller Gewalt und Missbrauch, HIV/Aids, Armut und gesunde Lebensstile.

■ ***War Terrorismus auch ein Thema auf dem Weltkindergipfel? Schließlich habt ihr in New York getagt. Einer Stadt, die seit dem 11. September schwer unter Schock steht.***

Um Terror ging es weniger. Obwohl wir natürlich auch am Ground Zero waren. Viel mehr hat mich überrascht, dass unter den insgesamt 357 Kinder-Delegierten auch Kinder aus Israel und islamischen Ländern waren. Da gab es überhaupt keinen

Streit, weil wir für unsere gemeinsame Sache gearbeitet haben. Schließlich hatten wir nur drei Tage Zeit, um unsere Rede mit allen Zielen und Forderungen vorzubereiten. Die haben wir den Politikern dann gemeinsam präsentiert.

■ ***1990 fand der erste Kindergipfel in New York statt. Aber erst 2002 durften auch Kinder ihre Meinung sagen. Wie hast du diese Premiere empfunden?***

Das war unglaublich stark. Unsere Rede fing an mit den Worten: „Wir sind Kinder des Krieges! Wir sind Kinder, die mit HIV infiziert sind! Wir sind Kinder der Armut und Gewalt ..." Wir haben sehr viel Beifall dafür bekommen.

„Das Kinderrecht, das meiner Meinung nach am meisten verletzt wird, ist das Recht zu spielen."

Ellena Schubert

■ ***Glaubst du, dass sich durch den Kindergipfel wirklich etwas ändern wird?***

Schwer zu sagen. Nicht alle Länder wollen jede unserer Forderungen akzeptieren und unterstützen. So haben die USA unser Dokument überhaupt nicht unterschrieben, weil auch Themen wie die Todesstrafe für Kinder oder Abtreibung behandelt werden. Andere Staaten wiederum legen die Paragrafen der Kinderrechtskonvention sehr zu ihren Gunsten aus. Es gibt leider immer noch ziemlich viele Länder, die in puncto Kinderrechte absolute Entwicklungsländer sind.

■ ***Welche Kinderrechte sind dir am wichtigsten?***

Da will ich nicht differenzieren. Für mich sind alle Rechte wichtig. Persönlich setze ich mich aber für das Recht auf Bildung und gegen Ausbeutung ein.

■ ***Wie sieht dein weiteres politisches Engagement aus?***

Natürlich schreibe ich weiter für unsere Zeitung „Jetzt oder nie!?". Unsere Aktionsgruppe im Münchner Kinder- und Jugendforum plant auch, eine Patenschaft für eine Schule in Indien zu übernehmen. Außerdem stehen mehrere Schulaktionen an. Zu diesem Zweck arbeiten wir mit der Kinderrechtsorganisation „Free The Children" zusammen.

■ *Also Politik statt Partys, die die meisten in deinem Alter vorziehen.*

Stimmt. Aber ich vermisse nichts, denn mir ist es einfach wichtig zu beweisen, dass man auch als Kind oder Jugendlicher etwas in der Welt bewegen kann!

Ellena bei der Redaktionskonferenz von „Jetzt oder nie!?"

■ *Möchtest du später mal in die Politik gehen?*

Nein! Ich möchte schließlich etwas bewegen!

„WIR, DIE KINDER"

Elf Jahre nach dem ersten Kindergipfel hat UN-Generalsekretär Kofi Annan den Bericht „We the Children" („Wir, die Kinder") herausgegeben. In ihm ist aufgelistet, inwieweit die Versprechen, die den Kindern 1990 gemacht worden sind, eingehalten werden konnten. Außerdem wird über die heutige Lage der Kinder berichtet. Dazu ein paar Zahlen, die nachdenklich machen: Es gibt 2,1 Milliarden Kinder auf der Welt – und das sind immerhin 36 Prozent der Weltbevölkerung. Jedes Jahr werden etwa 132 Millionen Kinder geboren. Jedes vierte Kind lebt in absoluter Armut, das heißt, es wächst in einer Familie auf, die weniger als einen US-Dollar täglich zur Verfügung hat. Jedes zwölfte Kind stirbt, bevor es fünf Jahre alt ist.
Von hundert Kindern, die heute geboren werden ...
... werden 40 Geburten nie registriert
... werden 26 nicht gegen Krankheiten geimpft
... haben 19 keinen Zugang zu sauberem Trinkwasser
... leiden 30 während ihrer ersten fünf Lebensjahre an Unterernährung
... werden 17 nie die Schule besuchen. Neun von ihnen sind Mädchen!

Catherine Marie Agnès Fal de Saint Phalle, genannt „Niki“

Nana mit Schuss

Niki de Saint Phalle

Niki de Saint Phalle, Model, Künstlerin, Erbauerin bewohnbarer Skulpturen, sorgte zeit ihres Lebens immer wieder für Aufsehen. Vornehme Zurückhaltung war nicht ihr Stil, obwohl sie aus einem alten französischen Adelsgeschlecht stammt und in Amerika auf Klosterschulen zur höheren Tochter ausgebildet wurde. Alles, was man von ihr erwartete, war, standesgemäß zu heiraten und ein Leben als reiche Gattin und gebärfreudige Mutter zu führen. Doch Niki tat nichts von alledem.

STECKBRIEF

NAME	Catherine Marie Agnès Fal de Saint Phalle, genannt „Niki“
GEBOREN AM	29. Oktober 1930
GEBOREN IN	Neuilly-sur-Seine, Frankreich
GESTORBEN AM	21. Mai 2002
AUSBILDUNG	Schauspielunterricht
BERUF	Bildende Künstlerin
MOTTO	„Nanas an die Macht!“

Ihre Mutter scheint das schon früh zu ahnen und nennt Catherine Marie-Agnès Fal de Saint Phalle, wie sie eigentlich getauft worden ist, bereits ab ihrem vierten Lebensjahr „Niki“. Kein anderer Name passt so gut zu diesem Mädchen, das von nahezu jeder Schule fliegt, weil sie sich gegen jede Form von Autorität und Vereinnahmung wehrt. Das wilde Kind hat einen scharfen Verstand, eine überschäumende Fantasie – und trägt eine schwere Last auf der Seele.

Protestieren heißt Überleben

Mit 18 Jahren brennt Niki mit ihrer ersten großen Liebe, Harry Matthews, durch. Sie heiraten. Zwei Jahre später kommt Tochter Laura zur Welt. Niki verdient Geld als Model und nimmt Schauspielunterricht. Ihr Gesicht erscheint auf den Titeln von „Vogue“ und „Life“. Harry studiert Musik. Die beiden ziehen nach Paris, in die Stadt der Liebe und der Kunst. Haushalt und Kindererziehung teilt das junge Paar untereinander auf – eine sehr moderne Beziehung, damals in den 1950er-Jahren. Niki hat es geschafft, ihr Erfolg als Model, das Glück mit Harry – alles scheint perfekt. Bis Niki im Sommerurlaub an der französischen Mittelmeerküste einen schweren Nervenzusammenbruch erleidet und in die psychiatrische Klinik in Nizza eingewiesen wird.

FILMTIPP

Niki de Saint Phalle
„Wer ist das Monster – du oder ich?"
1996; R: Peter Schamoni

Kunst als Schicksal

Der Aufenthalt in der Psychiatrie führt zur alles entscheidenden Wende in Nikis Leben: Weder Medikamente noch die damals häufig verabreichten Elektroschocks helfen ihr aus ihrer seelischen Not. Erst als sie anfängt zu malen, verschlungene Linien in zarten Tönen aufs Papier bringt und aus Muscheln, Steinen, Gräsern und Pflanzen Collagen anfertigt, geht es ihr besser. Die Kunst wird für Niki zum Lebensretter: „Ich bin Künstlerin geworden, weil es für mich keinen anderen Ausweg gab – insofern brauchte ich gar keine Entscheidung zu treffen. Es war mein Schicksal. Ich umarmte die Kunst als meine Erlösung und Notwendigkeit." Alles, was sie wissen muss, bringt sich Niki selbst bei. Die Autodidaktin verbringt viel Zeit im Pariser Louvre. Dort lässt sie sich von ihren großen Vorbildern Picasso, Matisse, Rousseau und Klee inspirieren. In Spanien, wo sie zwei Jahre mit ihrer Familie lebt und wo 1955 auch ihr Sohn Philip geboren wird, fasziniert sie das Werk des Architekten Antonio Gaudí. Besonders sein Parc Güell, ein Skulpturenpark, hat es ihr angetan. Eines Tages, davon träumt sie, will auch sie einen eigenen Garten erschaffen und mit ihren Figuren beleben. Doch zunächst trennt sich Niki 1958 von ihrem Mann und den beiden Kindern, um sich ausschließlich der Kunst zu widmen – für eine Frau der dama-

Niki beim Modellieren einer ihrer Skulpturen

WEB TIPP

www. nikidesaintphalle.com
Website, die ganz der eigenwilligen Künstlerin und ihrem Werk gewidmet ist

ligen Zeit ein mehr als ungewöhnlicher Entschluss. Aber Niki kann nicht anders und weiß die Kinder bei Harry gut aufgehoben. Sie besucht die drei, so oft sie kann. Später wird sie mit ihren erwachsenen Kindern gemeinsam an Kunstprojekten arbeiten.

Jean Tinguely

In Paris lernt Niki den Künstler Jean Tinguely kennen, den Erbauer fantastischer Maschinen: „Ein sehr schöner, dunkler, gefährlich aussehender Mann." Er macht sie mit dem Nouveau Réalisme bekannt, einer revolutionär neuen Kunstrichtung, die mit der traditionellen Malerei nichts mehr anfangen kann. Die Künstler dieser Gruppe wie Daniel Spoerri, Yves Klein und Christo wollen die Bilder von der Leinwand herunterholen, die Kunst aus den Museen ins Leben tragen.
Niki saugt die neuen Ideen begierig auf. Sie arbeitet Tag und Nacht, um ihre nach wie vor vorhandene Verzweiflung, ihren Zorn und ihren Schmerz in Kunst umzuwandeln. Nur so kann sie die zerstörerische Kindheitserfahrung verarbeiten, an der sie als junge Frau zu zerbrechen drohte.

Niki mit ihrer großen Liebe, dem Künstler Jean Tinguely

Der Schatten des Vaters

Denn im Sommer 1942 wurde die kleine Niki im Alter von elf Jahren von ihrem eigenen Vater verführt und missbraucht. Weil es niemanden gibt, dem sie sich anvertrauen kann, verdrängt sie das schreckliche Geheimnis, so gut sie kann. Erst zehn Jahre später, als sie mit ihrer eigenen kleinen Familie Sommerferien macht, kommt alles wieder hoch. Ein Trauma, das Niki nur mit Hilfe der Kunst bewältigen kann. Weitere zehn Jahre vergehen,

JEAN TINGUELY

Bildhauer und Objektkünstler. Geboren 1925 in Fribourg, Schweiz. Nach einer Lehre als Dekorateur beginnt er Objekte aus allen möglichen Materialien herzustellen, meist aus Schrott. Mit Ende zwanzig zieht er nach Paris und bastelt mechanische Fantasiemaschinen, die er „Métamatics" nennt. Schon bald wird er zu einem der führenden Vertreter des Nouveau Réalisme. Seine Maschinen sind völlig zweckfrei. Manche sind so konstruiert, dass sie sich selbst zerstören. Mit seiner Lebensgefährtin und späteren Ehefrau Niki de Saint Phalle baut er bewohnbare Skulpturen und Brunnen. Zu ihren berühmtesten Werken zählen der „Strawinsky-Brunnen" auf dem Platz des Centre Pompidou in Paris und der „Zyklop" im Wald von Fontainebleau.

in denen sie malt, malt, malt. Sie experimentiert mit verschiedenen Techniken und Materialien, bis sie endlich eine geeignete Ausdrucksform gefunden hat: Mit spektakulären Schießaktionen erregt sie die Aufmerksamkeit der gesamten Kunstwelt und wird über Nacht zum Star.

„Das Leben ist niemals so, wie man es sich vorstellt. Es überrumpelt dich, es erstaunt dich und es lässt dich lachen und weinen, wenn du es am wenigsten erwartest."

Niki de Saint Phalle

„Tirs" – die Schießbilder

1960 zeigt Niki Jean, mit dem sie mittlerweile zusammenlebt, ihr „Porträt meines Geliebten". Sie hat ein Herrenhemd mit Krawatte auf ein Brett genagelt. Kopf der Figur ist eine Dart-Zielscheibe, auf die die Betrachter der Collage bereitgelegte Pfeile werfen können. Jean ist begeistert. So etwas war noch nie da gewesen: ein Kunstobjekt, das sich aus fertigen Materialien zusammensetzt, aber erst unter Mitwirkung des Publikums entsteht. Niki ist nicht mehr aufzuhalten. Sie entwickelt die Idee zu ihren weltberühmten „Tirs" weiter. Das sind Bilder aus allen möglichen Gegenständen, die zusammen mit Farbbeuteln und Spraydosen auf ein Brett montiert werden. Das Ganze wird mit Gips übergossen und präsentiert sich dem Betrachter in reinstem Weiß. Bis Niki und alle Besucher mit der Schießaktion beginnen: Mit Flinten und Gewehren zielen sie auf die Kunstwerke. Die getroffenen Farbbeutel zerplatzen und ergießen sich über das Relief – das Bild entsteht erst mit seiner Zerstörung. Die Schießaktionen werden beschimpft und bejubelt und die zornige Niki wird zum Enfant terrible der zeitgenössischen Kunstszene. Man vergleicht sie mit der antiken Göttin der Jagd und nennt sie in Anlehnung an das berühmte Pariser Künstlerviertel die „Diana vom Montparnasse". Niki macht solchen Eindruck, dass ihr die Herrenriege der Nouveaux Réalistes als einziger Frau die Mitgliedschaft in ihrer Künstlergruppe anbietet.

Rache

„Je mehr ich über uns Menschen nachdenke, desto mehr bin ich davon überzeugt, dass wir alles in uns tragen: Güte, Kreativität, Dummheit, den Teufel, Gott. Wir tragen all dies in uns und wählen, was wir sind und was wir sein werden."

Niki de Saint Phalle

Mit ihren Schießbildern erobert Niki nicht nur eine neue künstlerische Dimension, sondern rechnet auch mit allem ab, was ihren psychischen Zusammenbruch verschuldet hatte. „1961 schoss ich auf Papa, alle Männer, die Gesellschaft, die Kirche, die Schule, meine Familie, meine Mutter, auf mich selbst. Ich schoss, weil es Spaß machte und mir ein tolles Gefühl gab." Doch nachdem sie ihre Wut abreagiert hat, kommt der Schmerz. Niki hört auf mit den Schießbildern, weil sie merkt, dass sie abhängig wird von der Faszination des Schießens. Aber sie will nicht abhängig sein, nicht von dieser Aggression, nicht von einem Mann, von niemandem. Wenn sie sich menschlich wie künstlerisch weiterentwickeln will, muss sie etwas Neues machen. Mit ihren nächsten Arbeiten setzt sie sich mit den verschiedenen Rollen auseinander, die der Frau in unserer Gesellschaft zugewiesen werden wie Mutter, Hure, Braut, Hausfrau, Geliebte. Es entstehen lebensgroße Skulpturen aus Stoff, Wolle, Puppenkörpern und billigem Plastikgeschirr.

Nanas an die Macht

Niki ist auf der Suche: „Wer ist die Frau? Wer bin ich?" Und plötzlich kann sie den Schmerz hinter sich lassen. „Ich stand da und machte Figuren der Freude! Ich wusste gar nicht, wie mir geschah. Ich hatte ein neues Kapitel meines Lebens aufgeschlagen. Und das hieß: NANAS. Das sind sehr fröhliche Geschöpfe, die keinerlei Schmerz kennen. Sie tanzen in einer Welt aus Musik, aus Klang, aus Freude.“ Die von Niki erfundenen Nanas sind kugelige bunte Gestalten aus Stoff und Pappmaschee. Ein Drahtgerüst in ihrem Inneren hält sie zusammen. Dann entdeckt Niki den damals neu entwickelten Kunststoff Polyester – für ihre Nanas ist er ideal. Er macht die runden Formen glatt und glänzend, die Farben leuchten und sind unverwüstlich. Leider reagiert Niki auf dieses Material allergisch. Die giftigen Dämpfe verätzen ihr Lungengewebe, zum Teil arbeitet sie mit Sauerstoffflasche und Taucherbrille: „Ausgerechnet das Material, mit dem ich am liebsten arbeite, ist absolut mein Todfeind.“ Trotzdem, Niki de Saint Phalle macht weiter.

Eine von Nikis berühmten Nanas im Tarot-Garten

Hon – die begehbare Frau

1966 wird Niki von Pontus Hulten, dem Direktor des Stockholmer Museums, beauftragt, eine ganz besondere Ausstellung zu gestalten. Zusammen mit Jean Tinguely schafft sie „Hon“ („Sie“). 36 Tage lang arbeiten sie Tag und Nacht, um eine riesige, liegende Schwangere zu erbauen. Die Skulptur füllt den ganzen Museumsraum aus und soll von ihren Besuchern durch die Vagina betreten werden. In Hon selbst erwarten den Besucher dann eine Milchbar, ein Planetarium und eine Kuschelecke. Wieder ist der Skandal groß, aber der Erfolg noch größer. In nur drei Monaten drängen hunderttausend Besucher in den Leib dieser bunt bemalten Urmutter. „Hon hatte etwas Magisches an sich. Sie konnte keinem helfen, aber sie brachte die Menschen dazu, sich gut zu fühlen. Jeder, der sie sah, lächelte.“

„Die Kunst ist mein bester Freund. Ohne sie wäre ich schon längst an gebrochenem Herzen gestorben.“

Niki de Saint Phalle

ADRESSEN

DER TAROT-GARTEN
Giardino dei Tarocchi
I – 58100 Pescia Fiorentina – Capalbio
Provincia di Grosseto

Öffnungszeiten:
Von Mai bis Oktober täglich 14.30 – 19.30 Uhr, von November bis Mai für Gruppen ab 15 Personen.
Termin nach Absprache

TELEFON 00 39-05 64-89 51 22
FAX 00 39-05 64-89 50 93

Die Erfüllung eines Traums

In den folgenden Jahren entstehen in aller Welt unzählige von tanzenden, springenden, lachenden Nanas. Niki baut begehbare Spielhäuser – den „Golem“ in Jerusalem und den „Drachen“ in Belgien. 1971 heiratet Niki Jean Tinguely und im selben Jahr macht sie ihre Tochter Laura mit Enkelin Bloum zur Großmutter. Mit dem Film „Daddy“ wagt Niki noch einmal eine Annäherung an ihr Kindheitstrauma. Die erhoffte Aufarbeitung gelingt nicht. Wieder gilt der Film als skandalös. Kein Wunder, schließlich ist der Inzest eines der größten Tabus unserer Gesellschaft. Nach einem erneuten Zusammenbruch verwandeln sich die fröhlichen Nanas in alles verschlingende Mütter, mit denen die Künstlerin die Gesellschaft scharf kritisiert. Eine schwere Lungenerkrankung zwingt Niki zu einem einjährigen Erholungsaufenthalt in den Schweizer Bergen. Dort trifft sie eine Freundin aus Model-Tagen wieder, Marella. Die hat inzwischen in den reichen Familienclan der italienischen Autofirma Fiat eingeheiratet und verhilft ihr zu einem Grundstück in der Toskana.

Der Tarot-Garten

Hier beginnt Niki 1979 mit der Verwirklichung ihres Traums. Dauernde Geldsorgen, eine schwere Gelenkentzündung, der traurige Verlust von engen Freunden, Einsamkeit – nichts kann Niki davon abhalten, ihren eigenen Skulpturenpark zu errichten. Es dauert nahezu zwanzig Jahre, bis ihr Lebenswerk, der Tarot-Garten, am 15. Mai 1998 eröffnet werden kann. Inmitten der grünen Landschaft erheben sich riesenhafte, mit bunten Kacheln und Spiegeln besetzte Skulpturen, die 22 bedeutende Tarot-Figuren darstellen. „Das Wichtigste ist die Arbeit, die totale Besessenheit, der Virus. Jean sagt, Kunst ist eine Krankheit: Entweder du hast sie oder du hast sie nicht. Ich war schwer krank. Ich bin es immer noch. Ich kann mit Problemen leben, ich kann mit Schmerzen leben. Ich kann mit Einsamkeit leben, aber ich kann nicht ohne meine Arbeit leben.“

TAROT

Der Tarot ist ein Kartenorakel, das aus der so genannten „Großen Arkana" (22 Karten) und der „Kleinen Arkana" (56 Karten) besteht. Die Große Arkana zeigt uralte Figuren und Symbole, die in vielerlei Kulturen vorkommen und denen man eine große Aussagekraft nachsagt. Die Karten werden nach verschiedenen Methoden ausgelegt und dann befragt. Dadurch erhofft man sich Antworten auf wichtige Lebensfragen.

„Ich bin davon überzeugt, dass die Tarot-Karten eine wichtige Botschaft enthalten. Die Anfänge des Tarot liegen in geheimnisvollem Dunkel. Wahrscheinlich gaben die Hohepriester des alten Ägyptens ihr Geheimwissen in Form von Bildsymbolen weiter. Dem Tarot verdanke ich ein besseres Verständnis der Welt – auch die Einsicht, dass jede Schwierigkeit gelöst werden muss, damit man neue Hürden in Angriff nehmen kann, um schließlich die innere Einheit und den Garten des Paradieses zu erreichen."

Niki de Saint Phalle

Kalifornien

1994 siedelt sie um nach Kalifornien, ihren Lungen zuliebe, die in dem milden Klima am Meer so viel leichter atmen können. Und um näher bei ihrer Familie zu sein. Es entstehen neue Motive: Wale, bewegte Bilder, mit denen sie an das Werk ihres 1991 verstorbenen Lebensgefährten Jean Tinguely erinnert. Und dann steigt Niki im Alter von 66 Jahren zum ersten Mal mit einem Drachen in die Lüfte. Frei wie ein Vogel schwebt sie über der kalifornischen Küste: „Meine Suche hat mich in neue Bahnen gelenkt. Ich habe die Qualen hinter mir gelassen. Ich empfinde eine mystische Vereinigung mit Natur, mit Luft, mit Licht. Ich bin ein suchender Wanderer, der kurz vor der Entdeckung des Schatzes steht und weiß, dass die Suche selbst der Schatz ist." Am 21. Mai 2002 stirbt Niki de Saint Phalle an den Folgen ihrer Kunststoffallergie in San Diego, ihrer Wahlheimat Kalifornien.

„Der Teil in mir, der ein Kind geblieben ist, ist der Künstler in mir."

Niki de Saint Phalle

Maria Jepsen wurde die erste Bischöfin weltweit.

Bischöfin
Maria Jepsen

Eigentlich wollte sie Lehrerin werden wie ihre Mutter und Latein, Griechisch und Religion unterrichten. Maria Jepsen begeistert sich für alte Sprachen und beginnt Hebräisch zu studieren – die Sprache des Alten Testaments. Dabei entdeckt sie ihre Vorliebe für die evangelische Theologie – und wird prompt zur Vorreiterin der kirchlichen Frauenbewegung. Mit ihrer beispiellosen Energie schafft sie es, am 4. April 1992 zur Bischöfin der nordelbischen Kirche gewählt zu werden, die sich aus den drei Sprengeln Hamburg, Holstein-Lübeck und Schleswig zusammensetzt. Eine Revolution, denn damit wurde Maria Jepsen zur ersten evangelisch-lutherischen Bischöfin weltweit.

STECKBRIEF

NAME	Maria Jepsen
GEBOREN AM	19. Januar 1954
GEBOREN IN	Bad Segeberg
AUSBILDUNG	Studium der Altphilologie und evangelischen Theologie in Tübingen, Kiel und Marburg. Vikariat in Lernsahl-Mellingstedt am Stadtrand Hamburgs
BERUF	Bischöfin der nordelbischen Kirche
MOTTO	„Sage nichts anderes, als du denkst, zeige dich nicht anders, als du bist, denn Gott kennt dich und begleitet dich und er sorgt für dich."

Wie wird man eigentlich Bischöfin?

Ich habe mich von ganz unten hochgearbeitet und war erst Vikarin und dann Pastorin. Dabei habe ich mich mehr und mehr außerhalb der üblichen Gemeindearbeit engagiert und mich vor allem für Frauen eingesetzt. Durch diese Arbeit bin ich in höheren Kirchenkreisen bekannt geworden und in die Synode gewählt worden. Die Synode ist eine Art Kirchenparlament. Dort habe ich mir einen Namen gemacht als eine, die sich einsetzt. Nachdem ich als Pröpstin bereits in der Kirchenleitung vertreten war, galt es, das Amt eines Bischofs neu zu besetzen. Dafür suchten wir eine Frau. Auf die Idee, dass ich das selber machen könnte, bin ich zunächst gar nicht gekommen. Aber als man mich dann gefragt hat, habe ich nach langen Überlegungen zugestimmt. Damit wollte ich zeigen, dass

Frauen nicht ängstlich sind und sich trauen, ein verantwortungsvolles Amt innerhalb der Kirche zu übernehmen. Außerdem hat mich der Gedanke gereizt, meine Kirche aus Sicht der Frauen zu gestalten.

„Ich werde nie aufhören, für die Gleichberechtigung zu kämpfen!"

Maria Jepsen

■ ***Gab es auch Widerstände gegen Ihre Kandidatur?***

Durchaus. Interessanterweise vor allem von weiblicher Seite. Einige Frauen in der Synode, die die Bischöfin wählt, fanden mich zu wenig feministisch. Ich habe versucht zu erklären, dass ich keine radikale Sichtweise vertreten möchte, da ich nicht einseitig bin. Schließlich lebe ich mit Frauen und Männern zusammen. Man hat mich einmal als sanfte Feministin bezeichnet – das ist ein Begriff, mit dem ich mich durchaus anfreunden kann. Bei meiner Vorstellung in der Synode habe ich offensichtlich den richtigen Ton gefunden und konnte überzeugen. Auch die Männer, die vorher noch der Meinung waren, dass Frauen zu schweigen hätten und gar kein kirchliches Amt bekleiden dürften. Ich bin gleich im ersten Wahlgang gewählt worden, was sehr selten ist.

FRAUEN IN DER KIRCHE

Sie sind Theologinnen, Religionslehrerinnen, Leiterinnen von Bildungseinrichtungen oder wie in Österreich Leiterin des erzbischöflichen Schulamtes und der Finanzkammer. Trotzdem verweigert die katholische Kirche Frauen nach wie vor die Priesterweihe. Aber mit welcher Begründung? Der Papst beruft sich darauf, dass Jesus Männer zu seinen Aposteln erwählt habe. Darin sieht er keine Herabwürdigung von Frauen. Seiner Meinung nach stehen ihnen schließlich viele andere kirchliche Berufe offen, die nicht mit Sakrament und Weihe behaftet sind, wie zum Beispiel Religionslehrerin oder Jobs in Pfarrämtern. Moderner zeigt sich die Evangelische Kirche, die nicht nur Priesterinnen zulässt, sondern mit Maria Jepsen, Bärbel Wartenberg-Potter für Holstein-Lübeck und Margot Käßmann für Hannover mittlerweile drei Bischöfinnen gewählt hat.

■ *Viele Mädchen können heute mit dem Begriff Feminismus nichts mehr anfangen.*

Darüber mache ich mir Sorgen. Junge Mädchen wissen häufig gar nicht mehr, mit welchen Schwierigkeiten Frauen in der Gesellschaft zu kämpfen hatten und haben. International gilt doch, dass Frauen an den Herd zurück sollen, sobald die Arbeitsplätze knapp werden. Die Frauenbewegung ist wichtig, weil es eben immer noch nicht selbstverständlich ist, dass Frauen in leitenden Positionen arbeiten. Hier haben wir noch viel Arbeit vor uns. Einerseits müssen die Arbeitszeiten flexibler und damit frauen- und familienfreundlicher gestaltet werden. Andererseits müssen wir deutlich anmahnen, dass auch Männer ihren Teil dazu beitragen, indem sie zum Beispiel Teilzeit arbeiten, um die Familie zu unterstützen. Das ist wieder wichtig geworden, denn ich habe den Eindruck, dass gerade junge Männer sehr viel konservativer sind als noch vor wenigen Jahren.

Maria Jepsen in ihrem offiziellen bischöflichen Arbeitsgewand

■ *Wie hat man sich die Arbeit einer Bischöfin vorzustellen? Ist das so eine Art Managerin innerhalb der Kirche?*

Ja, denn man sitzt in vielen Ausschüssen, in denen wichtige Entscheidungen getroffen werden – finanziell, aber auch inhaltlich. Ich halte aber auch nach wie vor Gottesdienste, Vorträge und bin viel in den Gemeinden unterwegs. Kein Tag ist wie der andere und meine Arbeitswoche hat 80 Stunden. Das Schöne an meinem Beruf ist, dass ich mit so viel unterschiedlichen Menschen zusammenkomme. Ich treffe Regierungschefs genauso wie Obdachlose oder Prostituierte. Mein Ziel dabei ist es, für Verständnis und die Menschenwürde jedes Einzelnen zu werben. Ich habe einmal gelernt: Wenn du einem Menschen hilfst, so hilfst du der ganzen Welt, und wenn du einen einzelnen Menschen aufgibst, so gibst du die ganze Welt auf. Von dieser alten jüdischen Weisheit lasse ich mich häufig leiten.

■ ***Eine 80-Stunden-Woche – das klingt wirklich nach einem stressigen Job. Woher nehmen Sie die Energie?***

Ich bin sehr froh, einen Beruf zu haben, den ich nicht als Last empfinde. Ich spüre immer wieder, wie gut es tut, Kraft und Anregungen zu geben, aber auch zurückzubekommen. Und weil ich weiß, dass Gott uns immer neu annimmt und auf den Weg schickt, kann ich jeden Tag darauf vertrauen, dass er zu mir steht, auch wenn ich etwas falsch mache. Ohne diesen Glauben, der gern als Kinderglaube abgetan wird, könnte ich meine anstrengende Arbeit nicht bewältigen.

■ ***Apropos Gott: Wie stellen Sie sich Gott vor?***

Als ich das erste Mal danach gefragt worden bin, hatte ich sofort ein ganz bestimmtes Bild vor Augen: Gott ist eine große Frau mit einem großen weiten Rock, unter dem man sich verkriechen kann, wenn es schwierig wird. Das meine ich auch, wenn ich von Kinderglauben rede. Das ist einfach der Glaube, jemanden zu haben, zu dem ich kommen kann, wenn es eng wird, wenn ich Angst habe oder mit einem Problem selber nicht mehr klarkomme.

„Diejenigen, die etwas gegen eine Frau im Bischofsamt einzuwenden hatten, argumentierten zwar sehr lautstark, waren aber Gott sei Dank in der Minderheit."

Maria Jepsen

■ ***Bei einer Predigt stehen Sie auf der Kanzel und sprechen vor vielen Menschen. Hatten Sie anfangs Lampenfieber?***

Das war noch viel schlimmer als Lampenfieber. Als Studentin musste ich eine Examenspredigt halten. Da stand ich nun vor vielen Menschen, die teilweise 30, 40 oder 50 Jahre älter waren als ich. Was sollte ich denen erzählen? Ich habe mich damals komplett überfordert gefühlt. Auch heute noch bin ich nie wirklich ruhig, wenn ich auf der Kanzel stehe. Auch rein körperlich empfinde ich eine Predigt wesentlich anstrengender, als einen Vortrag zu halten. Erst in den letzten Jahren ist es mir gelungen, mich langsam, aber sicher von meinem vorbereiteten Text zu lösen und frei zu sprechen. Das macht es etwas leichter.

■ *Hatten Sie in Ihrer Jugend Vorbilder?*

Ich bin in einer Zeit aufgewachsen, in der einem noch häufig Vorbilder genannt wurden. Da waren auch große Namen darunter. Und doch spüre ich im Nachhinein, dass ich meine Vorbilder eher in der Familie gesucht habe. Meine Vorbilder, das sind meine Mutter und meine Großmutter, bei denen ich nach der Scheidung meiner Eltern aufgewachsen bin. Sie hatten jede Menge Energie, haben in Familie und Kirche Verantwortung übernommen und sich auch politisch engagiert. Beeindruckt hat mich dabei, dass sie nie ihre eigene Persönlichkeit in den Vordergrund gestellt haben, sondern ihre Ziele. Damals ging es vor allem darum, sich für benachteiligte Völker in der Dritten Welt einzusetzen.

„Ich habe einmal gelernt: Wenn du einem Menschen hilfst, so hilfst du der ganzen Welt, und wenn du einen einzelnen Menschen aufgibst, so gibst du die ganze Welt auf."

Maria Jepsen

■ *Als Bischöfin haben Sie ja selbst Vorbildfunktion und müssen moralisch immer einwandfrei handeln. Wie halten Sie das aus?*

Ich weiß, dass ich keine Perfektionistin bin, habe aber immer den Anspruch, vor mir selbst zu bestehen. Schon als Pastorin stand ich im Sinne der Vorbildfunktion immer sehr unter Druck. Als ich dann zur Bischöfin gewählt wurde, war mir aber von Anfang an klar, dass ich die vielen Erwartungen, die in mich gesetzt werden, überhaupt nicht erfüllen kann.

■ *Ihr Amt ist ein Zeichen für die Gleichberechtigung in der Kirche. Haben Sie schon als Jugendliche für die Rechte von Mädchen und Frauen gekämpft?*

Ich habe nicht für die Rechte von Mädchen und Frauen kämpfen können, weil mir in meinem Umfeld gar nicht klar war, dass Mädchen und Frauen benachteiligt sind. Mein Einsatz für die Rechte von Mädchen und Frauen bestand vielleicht darin, dass ich für mich keine Benachteiligung hingenommen habe.

Bewusst eingesetzt für die Rechte von Mädchen und Frauen habe ich mich erst in den 1980er-Jahren – und werde wohl nie mehr damit aufhören. Denn auch wenn ich 100 Jahre alt werden sollte, fürchte ich, dass es um die Rechte von Mädchen und Frauen immer noch schlechter bestellt sein wird als um die von Jungen und Männern.

> „Mir ist es wichtig, mich nicht nur mit Zahlen und Entwicklungen zu beschäftigen, sondern einzelnen Menschen zu begegnen, sie in ihrer Würde und mit ihren Hoffnungen wahrzunehmen, aber auch in ihrer Verlorenheit und Hoffnungslosigkeit."
>
> Maria Jepsen

■ ***Haben Sie, als sie jung waren, nie schlechte Erfahrungen mit der Kirche gemacht? Gab es nie einen Moment, wo Sie überlegt haben, ihr den Rücken zu kehren?***

Doch, natürlich. Einmal, ganz früher, als ich feststellte, dass meine Mutter als geschiedene Frau in der Gesellschaft nicht so geachtet war wie die verheirateten Frauen. Auch in der Kirchengemeinde gab es so manche Äußerung, die meiner Mutter und uns Kindern wehtat. Von den Verantwortlichen der Kirchengemeinde hat meine Mutter allerdings die volle Unterstützung und Anerkennung bekommen. Ich selbst galt als Rebellin in der Gemeinde, wurde sogar einmal aus einem

AUFSTAND DER FRAUEN

In der katholischen Kirche gibt es immer mehr Frauen, die gern den Priesterinnenberuf ergreifen würden. Einige von ihnen haben beschlossen, sich den Vorstellungen des Vatikans nicht länger zu beugen. Am 29. Juni 2002 lehnten sich sieben Kämpferinnen gegen das katholische Diktat auf und nahmen die Priesterinnenweihe auf einem Donauschiff entgegen. Die postwendende Reaktion aus Rom: Die Frauen wurden exkommuniziert, also aus der Kirche ausgeschlossen. Priesterinnen-Sprecherin Christine Mayr-Lumetzberger will sich damit nicht abfinden und fordert die Änderung des Kirchenrechts. Alles, was sie will, ist, dass das Wort „Mann" im Kanon 1042 des kirchlichen Gesetzbuchs durch das Wort „Mensch" ersetzt wird. Und damit ist sie nicht allein: In einer aktuellen Studie fanden Meinungsforscher heraus, dass über 50 Prozent der katholischen Befragten auch Priesterinnen befürworten.

Jugendkreis hinausgeschmissen, weil ich mich weigerte, Bibelarbeit zu machen. Ich wollte lieber spielen. Ich habe dann mit Freunden eine eigene Clique gegründet, wo wir uns mit unseren Themen auseinander setzen konnten, und zwar so, wie wir das wollten. Im Nachhinein finde ich den Rauswurf in Ordnung, denn ich bin der Meinung, dass man Jugendlichen durchaus Grenzen setzen muss. Aus der Protesthaltung heraus gelingt es den Jugendlichen dann ganz sicher, ihren eigenen Weg zu finden.

■ ***Trotzdem hat die Kirche ein Nachwuchsproblem.***
Das hat sie schon seit 1500 Jahren. Deshalb müssen wir in der Jugendarbeit immer wieder neue Wege gehen. Wir müssen lernen, den Jugendlichen zuzuhören, ohne sie zu verurteilen. Dazu gehört, dass wir Räume für sie schaffen, in denen sie experimentieren können, Freiräume. Orte, wo sie ihre Persönlichkeit entwickeln können, ohne sich nur von Trends bestimmen zu lassen. Aus meiner eigenen Jugendzeit weiß ich, wie wichtig solche Freiräume sind, um sich selbst zu finden.

■ ***Was meinen Sie – hat Ihre Wahl zur Bischöfin dazu beigetragen, etwas für die Frauen in der Kirche zu ändern?***
Es war sehr erfreulich, dass man vier Wochen nach meiner eigenen Wahl zwei weitere Bischöfinnen in der evangelisch-lutherischen Kirche gewählt hat: in Norwegen und in den USA. Inzwischen sind wir also gar keine so große Seltenheit mehr. In Deutschland gibt es mittlerweile drei Bischöfinnen und auch andere leitende Positionen in der Kirche sind von Frauen besetzt. Wir Frauen versuchen, veraltete Strukturen zu ändern und Vorurteile abzubauen, und ich denke, dass uns das in vielen Bereichen auch gelungen ist. So studieren inzwischen mehr Frauen als Männer Theologie. Wir müssen fast schon aufpassen, dass der Pastorenberuf nicht zum Frauenberuf wird. Froh bin ich vor allem, dass wir es geschafft haben, Pastorinnen heute halbe Stellen anzubieten, damit sie Beruf und

Familie miteinander vereinbaren können. Das war zu meiner Zeit noch nicht möglich und ist auch mit ein Grund, warum mein Mann und ich, den ich während des Studiums kennen gelernt habe, uns gegen Kinder entschieden haben. Mit Familie hätte ich keine Jobchance gehabt. Damals war der Beruf der Priesterin überhaupt nicht auf die Bedürfnisse von Frauen ausgerichtet. Hinzu kam natürlich auch, dass ich meine Arbeit als erste Bischöfin weltweit besonders gut machen wollte. Das nimmt mich ganz in Anspruch. Für eine Familie wäre da keine Zeit geblieben.

■ ***Was würden Sie jungen Mädchen und Frauen aus heutiger Sicht raten, die ihre Lebensziele verwirklichen wollen?***

Ich halte sehr viel davon, dass wir Verantwortung übernehmen für die Aufgaben, die uns anvertraut sind, sei es in der Familie, in der Schule oder in der Gesellschaft. Wir brauchen Erfolgserlebnisse, die uns zeigen, wie wichtig und kostbar wir sind und wie viel wir verändern können. Wir sollten uns Ziele stecken, die nicht zu hoch sind, uns aber auch nicht unterfordern. Was den Beruf angeht, sollte man eine Beziehung dazu haben – egal, ob ich nun an der Kasse eines Supermarkts sitze oder in einer Chefetage. Wir sollten den Blick nie nur auf Zahlen und Strukturen lenken, sondern immer auch die Menschen vor Augen haben, denen wir mit unseren Entschlüssen helfen oder schaden. So würde ich allen raten, einen Beruf zu ergreifen, wo man natürlich Dienst nach Vorschrift macht, aber zugleich Dienst nach Lust. Wir müssen Freude haben an dem, was wir tun, um den manchmal grauen Alltag zu bewältigen, aber auch die Farbe und Vielfalt darin zu erkennen. Das ist ein hoher Anspruch, aber ich denke, ohne diese Herausforderung wird ein Lebensziel schwer zu erreichen sein. Sucht euch eine Aufgabe, die euch Freude macht. Und wenn es im Beruf so ganz und gar nicht geht, dann setzt euch gesellschaftlich ein, in der Kirche, in Bereichen, wo ihr eure besonderen Begabungen einbringen könnt. Damit ihr spürt, es ist gut, dass ich da bin – für mich und für andere.

WEBTIPP

www.nordelbien.de
Informationen über Maria Jepsen mit Texten und Predigten sowie Infos zum Bischofskollegium Hamburg

www.ekd.de
Website der Evangelischen Kirche Deutschlands mit eigenem Frauenportal, Jobmöglichkeiten und Informationen über soziale Einrichtungen für Frauen

www.katholische-kirche.de
Offizielle Website der Katholischen Kirche

www.mariavonmagdala.de
Die Homepage der Initiative „Gleichberechtigung für Frauen in der Kirche" mit vielen Infos rund um die umstrittene Priesterinnen-Weihe von katholischen Frauen

Die Jung-Forscherin
Bettina Wobig

Die Chemie hat gestimmt

Bettina Wobig

Weil sie auch mal was gewinnen wollte, beschloss Bettina Wobig in der elften Klasse am Wettbewerb „Jugend forscht" teilzunehmen. Ganz schön selbstbewusst, denn immerhin gehen sie und ihre Freundin Dinah Schmiedel in einer Disziplin an den Start, die vorwiegend von Jungs beherrscht wird: Chemie. Doch die beiden Power-Mädchen aus Berlin zeigten ihren Konkurrenten, dass sie mehr sind als Beautys am Bunsenbrenner. Bettina hat uns erzählt, wie sie nachweisen konnten, dass der Inhalt von Konservendosen gesundheitsschädlich wird, wenn die Dosen offen herumstehen.

STECKBRIEF

NAME Bettina Wobig
GEBOREN AM 2. Februar 1983
GEBOREN IN Berlin
AUSBILDUNG Deutsches und französisches Abitur am Romain-Rolland-Gymnasium in Berlin
BERUF Bettina will Pharmazeutin werden
MOTTO „Wenn ich etwas anfange, bringe ich es auch zu Ende."

Bettina weiß genau, was sie will. Und das soll schon mehr als ein Kugelschreiber sein. Gewinnen will sie, am allerliebsten Geld. Deshalb fackelt die Berlinerin nicht lange und beschließt, am Nachwuchs-Wissenschaftlerwettbewerb „Jugend forscht" 2001 teilzunehmen. Und weil sie nicht ganz alleine dastehen will, kann sie ihre Freundin Dinah dazu überreden, mitzumachen. Ziel der Mädchen: mindestens die erste Hürde, den Regionalwettbewerb, zu überstehen und sich mit anderen Schülern auf Landesebene zu messen. Weil es der damals 18-Jährigen nicht an Selbstbewusstsein mangelt, ist sie sofort Feuer und Flamme, als ihre Chemielehrerin nach Schülern und Schülerinnen sucht, die an dem Wettbewerb teilnehmen wollen.
Bettina: „Chemie hat mir von Anfang an Spaß gemacht. Das ist so schön praxisorientiert mit den ganzen Experimenten."
Klar haben sich zunächst auch Jungs aus Bettinas Chemiekurs

um Petrischale, Glaskolben und Bunsenbrenner gedrängelt. Doch der Forscher-Funke springt nur bei Bettina und Dinah über. Bettina: „Den anderen ist einfach kein Thema eingefallen." Die beiden Mädchen haben mehr Glück. Weil sich Bettina jedoch nicht gern mit fremden Lorbeeren schmückt, gibt sie unumwunden zu, dass es die Lehrerin war, die ihrem Wissenschaftlergeist auf die Sprünge half und die beiden auf das Thema mit den giftigen Dosen brachte. Bettina hatte selbst schon davon gehört, dass es gesundheitsschädlich sein kann, wenn man Konservendosen mit Inhalt geöffnet herumstehen lässt. „Bloß dass die bereits vorhandenen Versuchsanordnungen alle viel zu kompliziert waren. Wir wollten ganz einfach beweisen, welche schädlichen Stoffe entstehen, sobald die geöffnete Dose mit Sauerstoff in Verbindung kommt."

„Ich liebe es, den Erfolg zu genießen, wenn ich etwas geschafft habe."

Bettina Wobig

BETTINA UND DINAH BEI „JUGEND FORSCHT"

Wie lange bleiben Obstkonserven in geöffneten Weißblechdosen genießbar? Das war die Fragestellung, der die beiden Forscherinnen genauer auf den Grund gehen wollten. Für Bettina Wobig und Dinah Schmiedel war der Gehalt des Schwermetall-Ions Zinn ausschlaggebend. Denn je länger eine Dose offen herumsteht, desto mehr Zeit hat das Gas Luftsauerstoff, sie durch Korrosion zu zerstören und dabei Zinn freizusetzen – ein Prozess, der durch den hohen Fruchtsäuregehalt in Obstkonserven noch begünstigt wird. Die beiden Jungforscherinnen vereinfachten ein bestehendes Messverfahren und wiesen nach, dass eine Dose Ananas bereits zwei Tage nach dem Öffnen eine bedenkliche Zinnkonzentration aufweist. Die gesundheitsrelevanten Grenzwerte werden überschritten. Bei Mandarinen dauert der Anstieg der Zinnkonzentration etwas länger. Deshalb sollte man den Inhalt einer Konservendose nach dem Öffnen möglichst schnell umfüllen! Ansonsten drohen Magenbeschwerden und Erbrechen. Das haben Bettina und Dinah im Selbstversuch allerdings lieber nicht nachgewiesen ...

ADRESSEN

Stiftung Jugend forscht e. V.
Baumwall 5
20459 Hamburg
TELEFON 040–374709–0
FAX 040–374709–99
E-MAIL info@jugend-forscht.de

Doch bevor Bettina und Dinah mit ihren Versuchen so richtig loslegen können, müssen sie erst noch den theoretischen Teil bewältigen. Wer sich bei „Jugend forscht" bewerben will, kommt an einer detaillierten, schriftlichen Erläuterung des Themas nicht vorbei. Anhand dieser Unterlagen entscheiden die Veranstalter, ob die Forschungsidee in den Regionalwettbewerb aufgenommen wird. Bettina und Dinah setzen sich also zusammen und verbringen viele Stunden damit, ihr Vorhaben zu formulieren. Die beiden leisten gute Arbeit, denn auch die Jury-Mitglieder wollen wissen, was es mit dem Gift in Dosen auf sich hat, und nehmen den Vorschlag an.

Eine Idee, die zündet

Sofort machen sich die Mädchen an die Arbeit, verbringen nach der Schule Stunde um Stunde im Chemielabor, um an ihrem Versuch zu feilen. Dabei fliegt ihnen auch schon einmal eine Versuchsanordnung um die Ohren, doch glücklicherweise ohne Folgen – auch nicht, was ihre Motivation betrifft, denn die ist nach wie vor ungebrochen. Und das, obwohl die Bemühungen der Mädchen im Freundeskreis eher auf Skepsis stoßen. Bettina erzählt: „Unsere Freunde waren schon misstrauisch, dass wir so viel freie Zeit in der Schule verbringen. Aber ansonsten wurde es nicht weiter wahrgenommen."
Erst als die beiden den Regionalwettbewerb gewinnen und zum Landeswettbewerb eingeladen werden, kommen lobende Worte. Dass man sie wegen ihres Einsatzes weder in der Clique noch in der Schule als „Stars" behandelt hat, macht Bettina aber nichts aus. Sie hat richtig Spaß an der Arbeit und wenn andere zum Schwimmen gehen, läuft sie mit Dinah in den Chemiesaal. Damit sie ein Top-Ergebnis bei der Landesentscheidung erzielen, holen sich die beiden sogar Hilfe an der Technischen Universität von Berlin. Mit einem speziellen Messgerät können sie endlich nachweisen, dass die Zinn-Ionen in der metallenen Innenseite der Obstkonservendosen ansteigen. Perfekt. Bettina lobt aber auch die Unterstützung, die sie und ihre Freundin von Seiten der Schule erhalten

haben. Chemikalien, die von den beiden benötigt werden, aber nicht vorrätig sind, werden bestellt – und vor allem auch bezahlt. Bettina erinnert sich: „Das war immer völlig unkompliziert. Wir haben einfach wie auf einen Einkaufszettel aufgeschrieben, was wir brauchen, und im Sekretariat abgegeben." Mit dieser Unterstützung gelingt es den beiden Mädchen tatsächlich, ihre Versuchsanordnung wettbewerbsreif zu trimmen.

Eines steht fest: Auch im Team stimmt die Chemie!

Allein unter Jungs

Endlich ist es so weit: Auf dem Landeswettbewerb in Berlin bauen Bettina und Dinah ihren Stand mit der Versuchsanordnung auf. Und wundern sich, dass ihre Konkurrenten hauptsächlich Jungs sind. Bettina vermutet: „Die Interessen der meisten Mädchen liegen einfach nicht im mathematisch-naturwissenschaftlichen Bereich." Doch gleichzeitig übt sie Kritik: „Mädchen werden in diesen Unterrichtsfächern allerdings nicht wirklich gefördert, weil viele Lehrer denken, dass sie das sowieso nicht draufhaben." Die Jungs, die an dem Wettbewerb teilnehmen, zeigen sich umso interessierter, kommen an Bettinas und Dinahs Stand und informieren sich über die Idee. „Wir haben ganz locker miteinander geredet und uns auch für die Versuche der anderen interessiert. Die Jungs hat es nicht gestört, dass ihnen zwei Mädchen Konkurrenz machen wollen", erzählt sie.

Umso mehr fiebern die Familien von Bettina und Dinah mit, als es um die Preisverleihung geht. Die Mädchen selber rechnen sich wenig Chancen aus und sind sicher, dass junge For-

„Ich brauche immer etwas, das sich beweisen lässt. Deshalb habe ich mich in der Schule vor allem für die Naturwissenschaften interessiert. Da wird nicht so viel herumgeredet!"

Bettina Wobig

Bettina und Dinah präsentieren ihre Ergebnisse.

scher oder Schüler, die schon mehrmals am Wettbewerb teilgenommen haben, bevorzugt werden. Doch als die drei Erstplatzierten auf der Bühne stehen und Bettina und Dinah plötzlich alleine übrig bleiben, nachdem der dritte und zweite Preisträger aufgerufen wurden, können sie es kaum fassen. Sie haben es wirklich geschafft und werden Landessiegerinnen. Zu den Glückwünschen gesellt sich ein Scheck über 500 DM (250 Euro). Endlich hat Bettina etwas gewonnen. Doch noch steht der Bundeswettbewerb an. Die beiden dürfen nach Chemnitz reisen, wo sie ein aufregendes verlängertes Wochenende verbringen. Zu einer weiteren Platzierung reicht es zwar nicht, aber das Ziel war ohnehin erreicht. Abgesehen davon beweist sie Stärke, indem sie zugibt, dass die Bundesgewinner einfach besser waren.

„Meine Freundin Dinah war während des Jugend-forscht-Projekts total wichtig für mich. Unsere Freundschaft hat sich dadurch noch vertieft, weil wir gesehen haben, dass wir uns aufeinander verlassen können."

Bettina Wobig

Mit „Jugend forscht" für die Zukunft arbeiten

Bettina gewinnt der vielen Freizeit, die für „Jugend forscht" draufgegangen ist, noch mehr Positives ab. Nicht nur ihre Freundschaft mit Dinah hat sich durch das gemeinsame Projekt vertieft. Durch die Teilnahme bei „Jugend forscht" hat sie auch entdeckt, dass Schule richtig Spaß machen kann. „Man muss eben etwas finden, für das man sich wirklich interessiert und sich voll und ganz einsetzen will", bestätigt sie. Und glaubt ganz nebenbei, dass sich ihr Engagement auch auf die anderen Fächer ausgewirkt hat. Ganz einfach, weil sie zur Schule insgesamt ein positiveres Verhältnis bekommen hat. Außerdem ist sie sich ganz sicher, dass sie den Wettbewerb für ihre Zukunft gut gebrauchen kann. Bettina: „Wenn so etwas im Lebenslauf steht, macht sich das garantiert gut, da

MACH MIT BEI „JUGEND FORSCHT!“

Mitmachen können alle Schüler ab 16 und alle Studenten bis 21 Jahre, die sich noch im ersten Studienjahr befinden. Wer unter 16 Jahre alt ist und sich trotzdem zum Forscher berufen fühlt, kann am Wettbewerb „Schüler experimentieren“ teilnehmen. Auch Gruppen bis zu maximal drei Personen können mitmachen. Gesucht werden Arbeiten aus den Bereichen Biologie, Chemie, Geo- und Raumwissenschaften, Mathematik und Informatik, Technik oder Arbeitswelt. Anmeldeschluss für die Arbeiten ist alljährlich der 30. November. Informationen zur Anmeldung gibt es bei der Geschäftsstelle in Hamburg oder im Internet als Download.

bin ich mir sicher! Schließlich kommt es später darauf an, dass man nicht nur Dienst nach Vorschrift macht, sondern Engagement und Eigeninitiative zeigt.“
Zielstrebig war Bettina dabei schon immer. In der Grundschule gehörte sie zu den besten Schülerinnen und ihr Abitur hat sie auf dem deutsch-französischen Romain-Rolland-Gymnasium in Berlin auch abgelegt. Damit hat sie die Lizenz zum Weiterforschen in der Tasche – und das sogar auch in Frankreich, weil ihr Abitur dort ebenfalls Gültigkeit hat. Auch in Zukunft will die Berlinerin nicht von Reagenzgläsern und Co. lassen. Sie ist überglücklich, dass sie an der Berliner Universität einen Studienplatz für ein Pharmaziestudium erhalten hat, denn sie will Apothekerin werden. So schlägt sie gleich zwei Fliegen mit einer Klappe: der Wissenschaft treu bleiben und trotzdem mit Menschen zu tun haben. Genau wie ihre Freundin Dinah, die nach dem Abitur ein Medizinstudium begonnen hat und Ärztin werden will.
Wer glaubt, dass Bettina bei all ihrer Leidenschaft für Chemie eine graue „Labormaus“ ist, hat sich getäuscht. In ihrer Freizeit trifft sie sich mit Freunden, feiert gerne Partys und hält sich mit Jazz-Dance fit. Weil sie weiß, dass man auch mal Dampf ablassen muss, wenn der Kopf vom Lernen raucht.

WEB TIPP

www.jugend-forscht.de
Website der Nachwuchsforscher mit Infos zur Teilnahme als Download, Archiv aller Beiträge und Adressen der einzelnen Vereine in den verschiedenen Bundesländern

Michaela Wingert: mit Spaß an die Spitze

Mit dem Hobby hoch hinaus

Michaela Wingert

Ausdauer ist für Michaela Wingert kein Problem. Die Wienerin bewies nicht nur als Halb-Marathon-Läuferin langen Atem, sondern auch bei ihrer beruflichen Karriere. Vor ihrem steilen Aufstieg beim kultigen Sportartikelhersteller Nike schuftete die Sportwissenschaftlerin erst einmal im Außendienst und klapperte ein Sportfachgeschäft nach dem anderen ab, um ihre Produkte an den Mann zu bringen. Über einen Job in der Marketingabteilung gelang ihr schließlich der Sprung an die Spitze des Konzerns. Heute ist sie nicht nur Chefin für Österreich, sondern macht Nike auch in Mittel- und Osteuropa, im Nahen Osten und Afrika bekannt.

STECKBRIEF

NAME	Michaela Wingert
GEBOREN AM	20.3.1970
GEBOREN IN	Wien
AUSBILDUNG	1988 AHS-Matura am Neusprachlichen Gymnasium in Wien. Studium der Sportwissenschaften
BERUF	Geschäftsführerin bei Nike
MOTTO	„Egal, was du machst: Mach es hundertprozentig und mit vollem Einsatz.“

■ *Eine Konzernchefin stellt man sich gern im grauen Flanellkostüm vor und nicht in coolen Sportklamotten. Bei Ihnen ist das anders.*

Wir kommen ziemlich lässig gekleidet zur Arbeit, denn wir stehen hinter unseren Produkten. Hier haben viele Mitarbeiter das Hobby zum Beruf gemacht – die meisten sind nicht nur aus Jobgründen, sondern auch privat an Sport interessiert. Ich selbst bin lange Halb-Marathon gelaufen und gehe heute in meiner Freizeit am liebsten zum Klettern in die Berge, die wir hier in Wien ja vor der Haustür haben. Für intensives Lauftraining habe ich leider nicht mehr so viel Zeit. Trotzdem: Als begeisterte Sportlerin tue ich mich natürlich leicht, die Marke gut zu repräsentieren.

■ ***Ihre Marke gilt als cool. Viele Jugendliche sind regelrecht markensüchtig. War das bei Ihnen als Kind auch so?***

Ganz und gar nicht. Ich gehörte nicht zu den Mädchen, die immer das neueste Barbie-Puppen-Modell parat haben mussten. Selbst Mode war nicht so mein Thema. Dafür habe ich mich schon immer für Sport interessiert. Das Zubehör hatte in erster Linie zu funktionieren, auf die Optik habe ich da eher weniger geachtet.

■ ***Von welchem Beruf haben Sie als Kind geträumt?***

Ich wollte Unfall-Chirurgin werden. Ich habe sogar angefangen, Medizin zu studieren. Doch dann habe ich erkannt, dass ich meine sportlichen Interessen besser mit einem sportwis-

„Es regt mich auf, wenn sich die Leute beruflich überschätzen."

Michaela Wingert

MACH DEIN HOBBY ZUM BERUF!

Was gibt es Besseres, als auch im Job das zu tun, was einem privat Spaß macht? So wie Michaela Wingert sich entschieden hat, ihre Sportbegeisterung beruflich einzusetzen, gibt es eine ganze Menge Möglichkeiten, private Interessen und Finanzen zu verbinden. Vor allem im Sportbereich finden sich jede Menge Aufgabenfelder.
So gibt es allein in Deutschland knapp 7000 Fitness-Studios, in denen nicht nur Trainer, sondern auch Geschäftsführer, Marketingleute und Projektmanager arbeiten. Nach einem wirtschaftlichen Fachstudium haben sie sich genau die Branche ausgesucht, die ihrem Hobby entspricht. Doch das geht nicht nur im Sport. Tolle Hobbyzeichner sichern sich mit einem Grafik-Design-Studium einen kreativen Job in einer Werbeagentur, Modebegeisterte arbeiten in Boutiquen oder in der Design-Abteilung großer Bekleidungshersteller. Und wer gerne schreibt, findet als Journalist ein entsprechendes Berufsumfeld, Leseratten sind die perfekten Bibliothekare oder fühlen sich als Lektoren in Verlagen wohl. Wer beruflich die nötige Begeisterung mitbringt, hat langfristig mehr Erfolg. Am besten man sieht sich frühzeitig nach entsprechenden Ausbildungsmöglichkeiten um. Weitere Tipps bekommst du bei jedem Arbeitsamt in der Ausbildungsberatung.

WEBTIPP

www.be-ing.de
Spaß am Computern? Website für Mädchen und Frauen, die im Bereich Informatik und Ingenieurswesen Karriere machen wollen

www.webgrrls.de
Internet-Surferinnen aufgepasst: Netzwerk für Frauen in den neuen Medien

www.LizzyNet.de
Website für Mädchen und junge Frauen mit jeder Menge Berufs- und Karrieretipps

www.girls-day.de
Mädchen entscheiden sich häufig für klassische Frauenberufe. Wie viel Spaß Technik und Naturwissenschaften machen können, kannst du am alljährlich stattfindenden Girls Day herausfinden: Ein Schnuppertag, der interessante Kontakte bringt!

senschaftlichen Studium verbinden kann. Dabei habe ich mich dann auf den Bereich Sportmedizin konzentriert und nach dem Abschluss auch in einem sportmedizinischen Zentrum gearbeitet. Wichtig ist, dass man immer mit ganzem Herzen bei der Sache ist.

■ ***Als Langstrecken-Läuferin wissen Sie, was Ausdauer bedeutet. Brauchten Sie für Ihre Karriere auch so einen langen Atem oder hatten Sie beruflich von Anfang an die Nase vorn?***

Beides. Neben Fleiß und guter Arbeit gehört immer auch ein bisschen Glück dazu. Ich hatte das Glück, immer zur rechten Zeit am rechten Ort zu sein. Auf ein bestimmtes Karriereziel wollte ich mich dabei nie festlegen. Noch zwei Jahre vor meinem Aufstieg an die österreichische Konzernspitze habe ich keinen einzigen Gedanken daran verschwendet, dass ich einmal so weit kommen könnte. Ich bin sicher, dass man seinen Job nicht gut machen kann, wenn man heute schon immer an morgen denkt. Aber auch meine sportlichen Erfahrungen im Marathon haben mir bei meiner Karriere sehr geholfen. In gewisser Weise ist das nämlich durchaus vergleichbar: Bei einer Ultra-Langstrecke gibt es Hochs und Tiefs – genau wie im Job. Natürlich muss ich jeden Tag für meine Ziele kämpfen und sie ehrgeizig verfolgen. Aber es muss immer ein positiver Kampf für ein gutes Ziel sein. Mit Verbissenheit erreicht man weder im Sport noch im Job etwas.

■ ***Welche Tipps haben Sie für junge Mädchen, die ihren eigenen Weg gehen und Karriere machen wollen?***

Ich habe selber klein angefangen und mich von unten hochgearbeitet. Erst habe ich den Außendienst für Nike mit aufgebaut und bin selber tausende von Kilometern gefahren, um die Produkte zu verkaufen. Dann wurde ich Sales-Managerin und habe in der Zentrale den Verkauf unserer Produkte mit organisiert. Und zum Schluss war ich zuständig dafür, dass unsere Schuhe nicht nur in Österreich, sondern noch in drei anderen Ländern angeboten werden. Im Jahr 2003 wurde ich Geschäftsführerin und leite jetzt die Geschicke der Firma von Österreich aus auch in Osteuropa, im Nahen Osten und in Afrika. Geschafft habe ich das, indem ich jeden Job wirklich hundertprozentig ausgefüllt und in Bezug auf meine Karriere nie zu weit vorausgedacht habe. Es ist wichtig, sich bei seiner Karriereplanung keinen Druck zu machen. Noch mal: Ich kenne niemanden, der in seinem Job erfolgreich ist, wenn er schon die nächsthöhere Position im Kopf hat. Bei meinen Bewerbungen habe ich mich zudem immer realistisch eingeschätzt – von der Kompetenz her bis hin zu meinen Gehaltsvorstellungen. Leider kenne ich viele junge Menschen, die sich maßlos überschätzen. Deshalb gilt immer: tief ansetzen, von der Pike auf lernen und sich die Firma und ihre Strukturen genau anschauen. Meiner Meinung nach gibt es viel zu viele Leute, die mit Selbstüberschätzung, Ellenbogentechnik und auch durch das Ausbooten von Mitbewerbern in Positionen gekommen sind, wo sie gar nicht hingehören. Aber ich bin mir sicher, dass sich solches Verhalten langfristig nicht auszahlt, sondern irgendwann rächt.

Die eigenen Fähigkeiten realistisch einschätzen – das ist Michaela wichtig.

„Ich hatte nie konkrete Karriereziele, weil mir meine Jobs immer Spaß gemacht haben und ich glücklich damit war."

Michaela Wingert

■ ***Mit Anfang 30 sind Sie eine sehr junge Chefin. Wie kommen Ihre Mitarbeiter damit zurecht?***

Mein Alter macht sicherlich keine Probleme, da unsere Mannschaft insgesamt sehr jung ist, das Durchschnittsalter ist unter 40. Aber ich merke auch sonst, dass ich akzeptiert werde, das beweisen mir meine Mitarbeiter mit ihrer Unterstützung immer wieder. Wir wissen, dass es auf jeden Einzelnen ankommt. Ich selbst sehe mich als Teamplayer. Dazu gehört auch, Fehler und Schwächen eingestehen zu können, denn das ist nur menschlich. Vielleicht fällt das Frauen sogar etwas leichter, was ich als weibliche Stärke bezeichnen

„Ich bin entschieden dagegen, dass Eltern ihre Kinder zum Sport treiben. Gut finde ich dagegen, wenn ein Kind alles ausprobieren kann, um seine wahren Interessen zu finden."

Michaela Wingert

würde. Fehler können außerdem positiv genutzt werden, indem wir alle daran arbeiten, es in Zukunft besser zu machen. Mir persönlich ging und geht es nie um die absolute Perfektion. Trotzdem muss ich natürlich bei vielen Entscheidungen Mut beweisen. Weil ich aber keine Hasardeurin, also keine Draufgängerin bin, habe ich auch keine Angst vor dem Versagen. Das ist wie beim Klettern. Wer sich nicht überschätzt und immer voll bei der Sache ist, geht auch kein allzu großes Risiko ein.

■ ***Sind weibliche Chefs die besseren Bosse?***

Ich finde, das kann man nicht so verallgemeinern. Ich würde nie behaupten, dass Frauen besser Probleme ansprechen können oder so. Ich hatte auch schon eine Reihe männlicher Chefs, die toll waren und von denen ich mir so einiges abgeschaut habe. Ich bin davon überzeugt, dass es immer auf die Person ankommt und weniger darauf, ob man Mann oder Frau ist. Ich finde, wir sollten aufhören, Männer und Frauen ständig miteinander zu vergleichen. Emanzipation ist deshalb für mich eher eine Art Anti-Wort. Natürlich durfte ich in einer Generation aufwachsen, in der Frauen selbstbewusst ihren Weg gehen können. Klar gibt es Unterschiede. So bekommen Frauen Kinder und müssen sie unter Umständen mit dem Job in Einklang bringen. Aber ich kenne viele Kolleginnen, die haben ähnliche Positionen wie ich, und denen gelingt das sehr gut. Wenn die Betreuung der Kinder gut geregelt ist, sollte man es den Frauen wirklich selbst überlassen, ob sie ihren Beruf ausüben möchten oder nicht.

■ ***Das scheint in Österreich leichter zu gelingen. So sagt die Statistik, dass es hier weitaus mehr Frauen in Führungspositionen gibt als im benachbarten Deutschland. Ist Österreich moderner?***

Das war mir noch gar nicht bekannt. Von der Schweiz weiß ich, dass Frauen in Führungspositionen stark vertreten sind. Aber wer weiß, vielleicht ist es bei uns in der Tat einfacher,

Beruf und Familie unter einen Hut zu bekommen. Aber dass Österreich in der Beziehung wirklich moderner ist, würde ich deshalb nicht gleich behaupten.

■ ***Ihr Ehemann ist Österreich-Geschäftsführer beim Sportartikelhersteller K2. Hört sich nach einer perfekten Kombination an. Hat er es mit einer erfolgreichen Business-Frau schwerer als andere Ehemänner, deren Frauen beruflich zurückstecken, um sich der Familie zu widmen?***

Ich denke nicht, denn wir pflegen unsere Gemeinsamkeiten. Für mich und unsere Ehe ist es unerlässlich, dass wir gemeinsame Hobbys haben und unsere Freizeit zusammen verbringen. So gehe ich mit meinem Mann gern zum Klettern. Wir sind aber auch schon in Kanada in nur vier Wochen einen Fluss tausend Kilometer abwärts gefahren. So etwas verbindet unheimlich. Es würde keinen Sinn machen, wenn ein Paar beruflich sehr eingespannt ist und er dann in seiner Freizeit Golf spielt, während sie zum Laufen geht. Ich finde, es kommt auf die richtige Balance zwischen Privat- und Berufsleben an. Irgendwann muss man auch mal abschalten. Wir sprechen beispielsweise am Freitagabend nicht mehr über den Job. Natürlich sollte man auch Verständnis für die Arbeit des Partners aufbringen können und sich die privaten Aufgaben teilen. Damit meine ich allerdings keine klassische Rollenverteilung, sondern natürliche Arbeitsteilung: Wenn der Mann ein sensationell guter Koch ist, sollte er sich ums Essen kümmern. Man sollte die Dinge so organisieren, wie es eben Sinn macht.

Michaela Wingert auf dem Weg nach oben: Im Sport wie im Job sind Geschick und Ausdauer gefragt.

Rigoberta Menchú – „die Stimme der Mayas“

Mit den Waffen einer Frau

Rigoberta Menchú

Die meisten Kinder und Jugendlichen kennen das: Wenn sie den Mund aufmachen, um sich über Ungerechtigkeiten oder schlechte Behandlung zu beschweren, gelten sie schnell als frech und aufmüpfig. Auch Rigoberta Menchú gehört zu denjenigen, die nicht schweigen, wenn ihnen Unrecht widerfährt. Doch das bezahlte sie beinahe mit ihrem Leben. Denn die Indianerin wuchs in Guatemala auf – einem Land, in dem die Ureinwohner unterdrückt und auf grausame Weise verfolgt wurden, nur weil sie ihr Recht auf ihre Heimat einforderten. Doch Rigoberta Menchús Einsatz für den Frieden und die Befreiung ihres Volkes wurde belohnt: 1992 wird sie im Alter von nur 33 Jahren mit dem Friedensnobelpreis ausgezeichnet und ist damit die jüngste Nobelpreisträgerin überhaupt.

STECKBRIEF

NAME	Rigoberta Menchú Tum
GEBOREN	1959, Datum unbekannt
GEBOREN IN	Chimel / Guatemala
AUSBILDUNG	Keine, erst in Mexiko lernt sie mit Unterstützung des Bauernverbandes lesen und schreiben
BERUF	Freiheitskämpferin, Buchautorin und UNESCO-Sonderbotschafterin
MOTTO	„Ungerechtigkeiten dürfen nicht verschwiegen werden.“

Wegen seines milden Klimas wird Guatemala gern als „Land des ewigen Frühlings“ bezeichnet – ein paradiesisches Land, sollte man meinen. Zumal der kleine südamerikanische Staat nicht nur viel Sonne und fruchtbare Erde zu bieten hat, sondern auch das einzigartige Kulturerbe der Maya sein Eigen nennt. Diese guatemaltekischen Ureinwohner waren Meister der Mathematik und Astronomie. Sie konnten die Bahnen der Himmelskörper genau vorausberechnen. Um den günstigsten Zeitpunkt für Saat und Ernte zu ermitteln, entwickelten sie einen Kalender, der in vieler Hinsicht genauer war als der bei uns geläufige gregorianische Kalender. Hunger kannte man in

Guatemala nicht, denn Mais, Bohnen, Kürbis, Süßkartoffeln, Tomaten, Avocados und Papayas gediehen prächtig. Eine ruhmreiche Vergangenheit, von der die Indianerin und Maya-Nachfahrin Rigoberta Menchú vom Stamm der Quiché-Indianer wenig merkte. Sie wuchs mitten im Bürgerkrieg auf, in dem man die Errungenschaften der Ureinwohner mit brutaler Gewalt zunichte machte.

„Was ich am Leben am meisten schätze, ist die Fähigkeit zu träumen. In den schwierigsten Momenten und verzwicktesten Situationen hatte ich die Fähigkeit, von einer besseren Zukunft zu träumen."

Rigoberta Menchú

Entrechtet und verfolgt

Der eigentliche Untergang der Hochkultur begann jedoch schon vor über 500 Jahren: Damals fielen die Spanier über das Land her und entrechteten die Ureinwohner, um sich der Goldschätze der Maya zu bemächtigen. Guatemala wurde zur spanischen Kolonie und den Indianern wurden alle Bürgerrechte aberkannt. Weil es keine Urkunden gab, die sie als Besitzer des Landes auswiesen, wurden die Ureinwohner von den spanischen Herrschern einfach enteignet. Ein Unrecht, unter dem die Indianer bis heute zu leiden haben. Auch Rigoberta wuchs in äußerst ärmlichen Verhältnissen auf.
Für die Familie war es normal, acht Monate im Jahr in den Kaffee- und Baumwollplantagen der spanischen und nordamerikanischen Großgrundbesitzer zu schuften und währenddessen in überfüllten Hütten ohne sauberes Wasser und Toiletten zu leben. Als Rigoberta acht Jahre alt ist, muss auch sie mitarbeiten, denn sonst würde sie verhungern.

MENSCHENRECHTE IN GUATEMALA

Während der Militärdiktaturen zwischen 1978 und 1986 gab es einen offenen Krieg gegen die Zivilbevölkerung Guatemalas, die als „Politik der verbrannten Erde" in die Geschichte eingegangen ist. Durch Massaker und die vollständige Zerstörung von 440 Indio-Dörfern löste die Armee eine Massenflucht ins benachbarte Mexiko aus. Das Ergebnis der furchtbaren Gräueltaten: 150 000 Ermordete, 46 000 Vermisste und 300 000 Waisenkinder.

„Was uns Indigenas am meisten schmerzt, ist, dass man unsere Kleider schön findet, aber die Person, die die Kleider trägt, gar nicht sieht."

Rigoberta Menchú

Der Aufstand der Indios

Doch es gibt immer wieder Indios, die sich das nicht gefallen lassen wollten. Als Guerilleros kämpfen sie gegen die Unterdrückung durch die spanischen Kolonialherren. Mit dem traurigen Erfolg, dass 1954 mit Billigung der USA eine Militärdiktatur in Guatemala eingesetzt wird. Alle Versuche der Indios, das Recht auf ihr Land friedlich einzufordern, sind seitdem mit brutalen Massakern beantwortet worden. Und nicht nur das: Zwischen 1973 und 1988 zwingt man die jungen Indios sogar, in die Armee einzutreten und ihr eigenes Volk zu verfolgen und zu töten. All das passiert, als Rigoberta Menchú wie jeder andere Teenager auch damit beginnen will, ein eigenes Leben zu führen. Die junge Frau träumt von Liebe und einer eigenen Familie. Doch eines Tages wird die Plantage mit Insektenvernichtungsmitteln besprüht – ohne Rücksicht auf die Arbeiter, die sich noch auf den Feldern befinden. Rigobertas Bruder Felipe erstickt qualvoll an dem Gift der Großgrundbesitzer. Die Mutter bekommt lediglich einen alten Pappkoffer geschenkt, in dem sie ihren Jungen begraben kann. Weil sie dadurch einen Tag Arbeit verliert, wirft sie der Aufseher einfach hinaus. Ein anderer Bruder Rigobertas, Nicolas, stirbt im

GUATEMALA HEUTE

Am 29. Dezember 1996 haben die Regierung unter Präsident Arzu und der Zusammenschluss der verschiedenen bewaffneten und unbewaffneten Organisationen URNG (Unidad Revolucionaria Nacional Guatemalteca) einen Friedensvertrag unterzeichnet. Dadurch traten verschiedene Teilabkommen in Kraft wie die Wiederansiedlung der Flüchtlinge und die Einrichtung einer „Wahrheitskommission". Etwa 20 000 Flüchtlinge kehrten seitdem unter dem Schutz der UNO in ihre Heimat zurück. Doch dort erwartet sie nicht der vertraute Urwald, sondern riesige gerodete Flächen und „Zivilpatrouillen", die über Jahre hinweg bewaffnet wurden, um die Indianer zu terrorisieren, die weiterhin für ihre Rechte kämpfen.

Alter von zwei Jahren ebenfalls auf der Plantage – an Unterernährung, denn die Familie schaffte es nicht, genug Geld zu verdienen, um die Kinder ausreichend ernähren zu können.

Folter und Mord

Doch zu den schrecklichsten Erlebnissen Rigoberta Menchús gehört die Verschleppung ihres Bruders Petrocino. 16 Jahre ist er alt, als er und andere Bauern aus dem Dorf von den Militärs zusammengetrommelt werden. Sie wollen die Indios auf bestialische Weise einschüchtern. Und so müssen ihre Familien mit ansehen, wie ihre Liebsten gefoltert und ermordet werden. Eine Erinnerung, die sich Rigoberta Menchú unauslöschlich ins Gedächtnis gegraben und in ihr den Entschluss geweckt hat, in den Widerstand zu gehen: „Wir sahen die entstellten Gesichter, die nicht mehr wiederzuerkennen waren (...) Meine Mutter entdeckte meinen kleinen Bruder, ihren Sohn, zwischen all den anderen. Er war schwer misshandelt worden und konnte sich kaum aufrecht halten. Allen Gefolterten gemeinsam war, dass sie keine Fußnägel mehr hatten und dass man ihnen Teile der Fußsohlen abgeschnitten hatte. Eine Frau stammte aus einem Nachbardorf. Man hatte ihr das Geschlecht rasiert. Eine Brustspitze fehlte und die andere war verstümmelt. Man sah Bisswunden an ihrem ganzen Körper, sie hatte keine Ohren. Allen hatten sie die Zungenspitze ab- oder die Zungen in Stücke geschnitten."
Die schockierten Familienangehörigen werden gewarnt, dass es ihnen genauso ergehen wird, wenn sie es wagen sollten, sich weiterhin aufzulehnen. Doch das ist noch nicht alles: Anschließend wurden die Gefolterten bei lebendigem Leibe angezündet und verbrannt.

Nach Mexiko ins Exil

Doch die Menchús geben nicht so schnell auf. Ende der 1970er-Jahre schließt sich Rigobertas Vater Vincente der Bauernbewegung CUC (Comité de Unidad Campesina) an, um durch eine Agrarreform zu erreichen, dass den Indios ihr Land

WEBTIPP

www.dadalos.org/deutsch/Vorbilder/Vorbilder/Rigoberta/rigoberta.htm
Alles über den Kampf Rigoberta Menchús für ihr Volk

www.guatemalanetz.ch
Dem schonungslosen Einsatz von Rigoberta Menchú ist es zu verdanken, dass sich das Schweizer Institut für Ethnologie in Bern mit der aktuellen politischen Entwicklung in Guatemala beschäftigt.

www.brot-fuer-die-welt.de
Die Reaktion der guatemaltekischen Nobelpreisträgerin auf die Anschläge in New York vom 11. September 2001 und ihre Verurteilung des Terrors weltweit

www.terre-des-femmes.de
Die Menschenrechtsorganisation für Frauen

www.amnesty.de
Menschenrechtsorganisation

zurückgegeben wird. Mit einer Delegation von CUC-Mitgliedern besetzt er 1980 die spanische Botschaft in Guatemala-Stadt. Trotz internationaler Proteste wird die Botschaft vom Militärregime gestürmt und in Brand gesetzt. Dabei kommt auch Vincente Menchú ums Leben. Kurz darauf wird Rigobertas Mutter bei einer Protestaktion festgenommen, mehrmals vergewaltigt und so lange gefoltert, bis sie ihren Verletzungen erliegt. Doch Rigoberta Menchú lässt sich durch das schreckliche Schicksal ihrer Familie nicht brechen. Sie geht nach Mexiko ins Exil, um von dort aus für die CUC aktiv zu sein, auf die Menschenrechtsverletzungen der guatemaltekischen Regierung aufmerksam zu machen. Dort schreibt sie mit Hilfe der Anthropologin Elisabeth Burgos ihre Biografie „Yo, Rigoberta Menchú". So gelingt es ihr 1983, die internationale Aufmerksamkeit auf die katastrophale Situation in Guatemala zu lenken. Die Lebensgeschichte der 24-Jährigen gilt als Meilenstein im Kampf um die Anerkennung der Rechte von Indianervölkern. Seit dem Erfolg ihres Buches und der Gründung ihrer Kampagne für soziale Gerechtigkeit reist

„Der Friedensnobelpreis ist für mich ein Sieg im Kampf für den Frieden und für die Rechte der Eingeborenen."

Rigoberta Menchú

FRAUEN IM WIDERSTAND: SOPHIE SCHOLL

Sophie Scholl (geb. 9.5.1921) gilt als Symbolfigur des weiblichen Widerstands während des Dritten Reichs. Und das, obwohl Sophie anfangs an die Thesen Hitlers glaubt. Sie tritt sogar dem Bund Deutscher Mädel bei. Doch während ihrer Ausbildung zur Kindergärtnerin 1941 und ihrem Einsatz im Arbeits- und Kriegshilfsdienst kommen der jungen Frau Zweifel. 1942 beginnt sie ein Philosophiestudium in München und unterstützt ihren älteren Bruder Hans bei der illegalen Herstellung und Verteilung von Flugblättern der studentischen Widerstandsgruppe „Weiße Rose". Am 18.2.1943 verhaftet die Geheime Staatspolizei (Gestapo) Sophie und Hans Scholl nach Hinweis eines Hausmeisters an der Münchner Universität. Nur drei Tage später werden die Geschwister in München-Stadelheim hingerichtet.

Rigoberta Menchú durch die ganze Welt, um die Menschenrechtsverletzungen in ihrer Heimat anzuprangern. Dabei stößt sie nicht nur auf Zustimmung. Manche kritisieren, dass Rigoberta der Gewalt während ihrer Zeit im Widerstand keine klare Absage erteilt hat.

Rigoberta bei ihrer Kampagne für die Menschenrechte

Die jüngste Nobelpreisträgerin

1992 wird Rigoberta Menchú der Friedensnobelpreis verliehen. Mit dem Preisgeld von 1,2 Millionen US-Dollar gründet sie eine Stiftung, um den Kampf für die Menschenrechte der Indianer in Guatemala fortzusetzen. Ihr Einsatz hat dazu geführt, dass die Vereinten Nationen das Jahr 1993 zum „Internationalen Jahr für die Rechte eingeborener Völker" erklären. Zudem ist sie Vorsitzende der Eingeborenen-Initiative für den Frieden und in diesem Zusammenhang persönliche Beraterin des Generaldirektors der UNESCO. Ihrem Einsatz ist es zu verdanken, dass in Guatemala 1996 ein Friedensvertrag zwischen Regierung und Indianern unterzeichnet worden ist. Viel geändert hat sich seitdem nicht: Staudammprojekte werden über die Köpfe der Ureinwohner hinweg entschieden und vor Gericht gibt es keine Übersetzung in die indianische Sprache.

Der Kampf geht weiter

Rigoberta Menchú konnte zwar mit ihrem Mann, ein Kampfgefährte, den sie 1993 heiratete, und ihrem gemeinsamen Sohn in ihre Heimat zurückkehren. Doch von einem Leben in Frieden muss sie weiterhin träumen. Weil sie Anfang Dezember 1999 beim Nationalen Gerichtshof in Madrid Klage gegen drei ehemalige Militärdiktatoren eingereicht hat, will das Militär Guatemalas Rigoberta Menchú ebenfalls vor Gericht bringen. Wegen Vaterlandsverrats und Verfassungsbruchs soll sie für 20 Jahre hinter Gitter.

Regina Halmich: „Ohne ‚Biss' geht nichts!"

Beauty im Boxring

Regina Halmich

Im Film kommen die erfolgreichen Boxer meist aus den Slums. Dass das richtige Leben von solchen Klischees weit entfernt ist, beweist Deutschlands erste Profi-Boxerin Regina Halmich. Die blonde Bilderbuchathletin, die unlängst ihre Autobiographie veröffentlicht hat, boxte sich auch ohne schwere Kindheit nach oben. Seit Jahren hält sie den Weltmeistertitel im Fliegengewicht (bis 50,8 Kilogramm). Die Tochter eines Verwaltungsangestellten und einer Hausfrau sorgte beruflich für ein zweites Standbein, indem sie eine Ausbildung als Rechtsanwaltsgehilfin abschloss. Durch ihre Erfolge im Ring hat sie es geschafft, das Frauenboxen gesellschaftsfähig zu machen. Spätestens seit ihrem Schaukampf mit TV-Lästermaul Stefan Raab ist sie aber auch außerhalb des Rings prominent und eine begehrte Interview-Partnerin.

STECKBRIEF

NAME	Regina Halmich
GEBOREN AM	12. November 1976
GEBOREN IN	Karlsruhe
AUSBILDUNG	Rechtsanwaltsgehilfin
BERUF	seit 1991 Boxerin, seit 1994 Profi-Boxerin. Trainiert wird sie vom Universum-Boxstall in Hamburg, der angesehensten Box-Talentschmiede der Republik.
MOTTO	„Ich will im Ring immer die Stärkere sein. Diesen Biss habe ich bis jetzt nicht verloren."

Weil es noch keine weiblichen Box-Amateure gab, als Regina Halmich im Jahr 1994 zu ihrem ersten großen Wettkampf in den Ring stieg, musste sie gleich als Profi ran. War das der Beginn ihrer Karriere?

Ja. Meine Gegnerin damals war eine Holländerin namens Finie Klee, die ich nach Punkten besiegte. Aber so richtig los ging es mit meiner Karriere erst, als ich bei Promoter Peter Kohl unter Vertrag kam, dem ich ein Video meines Kampfes geschickt hatte. Am 10. Juli 1995 habe ich dann in der Europahalle in Karlsruhe meinen ersten Weltmeistertitel im Junior-Fliegengewicht geholt.

Regina darüber, wie sie zum Boxen gekommen ist:

Ich habe mich für Kampfsportarten interessiert, seit ich denken kann. Und neugierig war ich auch. Im Alter von zwölf Jahren habe ich an einem Judo-Kurs teilgenommen. Das hat mir aber nicht so gefallen. Eine Freundin nahm mich dann zum Taekwando mit. Meine Eltern waren zunächst ziemlich skeptisch. Deshalb habe ich ihnen erst einmal nichts gesagt, als mich mein Karate-Lehrer zum Kickboxen mitnahm. Doch nachdem sie dann von meiner neuen Kampfleidenschaft erfahren hatten, schenkten sie mir meine ersten Boxhandschuhe. Erfolge stellten sich schnell ein: Schon mit 17 war ich Europameisterin im Kickboxen. Und ab 16 habe ich nebenher auch schon mit dem richtigen Boxen angefangen.

„Die einen fangen mit dem Boxen an, weil sie selbstbewusster werden möchten, und machen das in erster Linie aus Selbstverteidigungsgründen. Ich war immer selbstbewusst, ich musste mir nichts beweisen."

Regina Halmich

Wer ist ihr Vorbild?

Sylvester Stallone in seinen alten „Rocky"-Filmen. Ich habe jeden einzelnen 30- bis 40-mal gesehen. Rocky motiviert mich.

Regina über ihre Motivation:

Ich boxe, weil das meine Leidenschaft ist. Mit Emanzipation hat das für mich nichts zu tun und groß was dabei gedacht habe ich mir auch nicht: Es war einmal ein Mädchen, das in ein Gym kam, einen Sandsack sah und begeistert war – und das war ich. Die Zeiten, in denen Männer auf die Jagd gehen und Frauen Beeren sammeln, sind vorbei. Frauen können genauso viel Power haben wie Männer. Ich war nie eine Emanze – aber ich habe Freude am Sport.

Regina über die öffentliche Akzeptanz von Frauen im Ring:

Am Anfang haben uns viele belächelt. Das war wie beim Frauenfußball. Männer sind gekommen, um sich zu amüsieren und festzustellen, dass wir es halt doch nicht können. Aber inzwischen gehen ihnen eigentlich die Argumente aus. Zumal die Technik bei uns eine große Rolle spielt.

Regina darüber, ob Frauen generell auf dem Vormarsch sind:

Frauen sind benachteiligt, aber sie sind trotzdem auf dem Vormarsch. Leistung wird sich durchsetzen. Wenn jemand gut ist, kann man ihn auf Dauer nicht ignorieren. Das ist wie bei mir, wo sie gesagt haben: „Muss das sein?“ Ich habe gute Kämpfe gemacht. Danach haben viele angefangen, ihr Urteil zu überdenken: „Wir mögen es nicht, aber Regina Halmich ist in Ordnung.“ Ein Umdenken hat längst stattgefunden.

Fühlt sie sich als Vorkämpferin?

Ich habe mich in eine fremde Welt vorgewagt. Boxen ist Männersport. Deshalb kämpfe ich immer zwei Kämpfe: einen im Ring, den anderen um die Anerkennung. Aber weil ich so weit gekommen bin, habe ich anderen Frauen den Weg geebnet. Jetzt hat sogar Amerika gemerkt, dass damit Geld zu verdienen ist.

Wie wichtig ist Regina Geld? Sie soll immerhin 26 000 Euro pro Profi-Kampf kassieren.

Geld spielt schon eine Rolle. Aber ich bin kein Materialist. Für meinen ersten Profikampf kassierte ich tausend Mark. Ich war total happy und sagte mir: Es kann nur besser werden. Das sage ich mir auch heute noch. Wenn ich mal die erste Million zusammen habe, werde ich mir ein Haus bauen. Irgendwo, wo es warm ist.

Darüber, warum es Frauen im Boxsport schwerer haben als Stars wie die Klitschko-Brüder, an lukrative Werbeverträge zu kommen:

Für die Sponsoren ist vor allem eines wichtig: Wenn eine Frau boxt, muss sie gut aussehen. Darüber kann man sich aufregen, aber das ist einfach so. Die wollen, dass sie weiblich rüberkommt. Die Holländerin Michele Aboro zum Beispiel ist Weltklasse, aber sie wird diese Chancen nicht haben, weil sie sehr maskulin aussieht.

WEB TIPP

www.regina-halmich.org
Offizielle Fanpage mit vielen Infos, News, Kampfhistorie, Fanshop, Forum und einer großen Fotogalerie

www.reginahalmich.de.vu
Inoffizielle Fanpage mit Forum, Gästebuch und vielen Interviews

www.boxingpress.de
Unabhängiges Boxsport-Portal mit den wichtigsten Nachrichten aus der nationalen und internationalen Szene

www.frauenboxen.net
Site für Frauen im Boxsport

Über ihr Aussehen und erotische Fotos in Männer-Magazinen: Ich sehe immer schlecht aus im Fernsehen: ungeschminkt, die Haare straff zurückgebunden, Mundschutz, Boxklamotten. Da hält sich die Erotik doch sehr in Grenzen. Es gefällt mir, mich als Frau präsentieren zu können. Viele Leute haben Schwierigkeiten, mich als ganz normale Frau zu sehen. Ich bin morgens für zwei Stunden Boxerin, mittags für zwei Stunden Boxerin und abends für zwei Stunden Boxerin. Den Rest der Zeit bin ich eine normale Frau, schminke mich und gehe auch gern mal shoppen.

BOX TITEL

Europameisterin im Super-Fliegengewicht 1994

Europameisterin im Fliegengewicht 1995

WIBF-Weltmeisterin im Junior-Fliegengewicht seit 1995

WIBF-Weltmeisterin im Fliegengewicht 1998 – 2000

WIBF-Weltmeisterin im Junior-Fliegengewicht und Fliegengewicht 2003

FRAUEN BOXEN

Regina Halmich hat geschafft, was vor einigen Jahren noch als undenkbar galt: Sie hat das Frauenboxen im deutschsprachigen Raum populär gemacht. Doch neben der attraktiven Karlsruherin gibt es mit Daisy Lang oder Silke Weickenmeier weitere coole Fighterinnen, die das Boxen mit ihren anspruchsvollen Kämpfen als reine Männerdomäne ausgeknockt haben. Allein in Nordrhein-Westfalen beträgt der Frauenanteil in Amateur-Boxvereinen stolze 25 Prozent. Doch bis auch Frauen die Fäuste berufsmäßig schwingen durften, war es ein weiter Weg – und das nicht nur in Deutschland. So musste die Britin Jane Couch als einer der ersten weiblichen Stars der Szene noch vor Gericht ziehen, um sich die Profilizenz gegen den nationalen Verband BBBC (British Boxing Board of Control) zu erstreiten. Doch mittlerweile ist Frauenboxen neben Deutschland auch noch in Italien, Frankreich und Spanien verbreitet. Aus der Schweiz kam sogar schon einmal eine Profi-Weltmeisterin. In den USA sind es vor allem die Töchter von Weltklasseboxern wie Mohammed Ali oder Joe Frazier, Laila und Jacqui, die den Frauen-Faustkampf zum Volkssport machen. Beinahe in jeder Gewichtsklasse gibt es erstklassige Kämpferinnen, die für ihren Einsatz im Ring schon mal 100 000 Dollar Gage einstreichen können. Insgesamt kann die WIBF (Women's International Boxing Federation) als größter Verband 2000 Profiboxerinnen weltweit verzeichnen. Allein in Europa sind 836 Frauen registriert.

Warum sie mit Stefan Raab für einen Showkampf in den Ring stieg:

Ich wollte auf das Frauenboxen aufmerksam machen und etwas für diesen Sport tun. Und das scheint mir ja auch gelungen zu sein.

Zeigt sie sich auch privat kampflustig?

Privat bin ich ganz ruhig und ausgeglichen – das andere Extrem. Ich fände es schön, einen Mann zu haben, der mich beschützt, und nicht einen, den ich beschützen muss. Aber wenn ich auf der Straße sehen würde, dass jemand in Gefahr ist, würde ich mein Können ohne Rücksicht auf mich selbst einsetzen, um zu helfen.

Regina über ihre Sieg-Strategien:

Ich bin eine Angriffsboxerin, aber ich kann mich mit meiner Taktik auf jede Gegnerin einstellen. Ohne gute Technik kommt kein Boxer an die Weltspitze, egal ob Mann oder Frau. Es ist übrigens schwieriger, gegen jemanden zu boxen, der ohne ein richtiges Konzept kämpft, als gegen jemanden, der eine ausgefeilte Technik besitzt.

ADRESSEN

Autogrammadresse:
Universum-Box-Promotion
Am Stadtrand 27
22047 Hamburg

Inzwischen gibt es viele Amateur-Boxerinnen. Wünscht sich Regina, dass Frauenboxen ab 2008 zu einer olympischen Disziplin wird?

Unbedingt. Ich kenne einige Kämpferinnen, die ihren Sport so ernsthaft betreiben wie ich. Ich hätte gern selbst im Amateur-Bereich angefangen, aber leider gab es da nichts. Ich musste mich allein durchbeißen, anfangs bei den Kickboxern. Natürlich sollte der Amateur-Bereich wie bei den Männern die Basis für die Profi-Szene sein.

Gegen wen würde sie am liebsten einmal boxen?

Gegen Laila, die Tochter von Mohammed Ali. Doch die ist Schwergewichtlerin, wiegt 76 Kilo, ich nur 50. Wenn nur fünf Kilo dazwischen wären, würden wir uns schon einigen. Aber der Unterschied ist zu groß.

Hier strahlen sie noch beide um die Wette. Doch bald muss Stefan Raab einiges einstecken ...

Promis lieben den Boxsport. Und so hat auch Regina viele von ihnen kennen gelernt. Wie fand sie das?

Am Anfang fand ich's toll. Aber wenn man sie dann kennt, merkt man schnell, dass Promis auch nicht anders sind als andere Menschen.

Inzwischen ist sie selbst prominent. Regina über den Preis für ihre Karriere:

Meine ersten vier Jahre kann man streichen. Diese Zeit hat mich in erster Linie Kraft gekostet. Damals lag mein Traum, im Fernsehen zu boxen und Millionen von Zuschauern zu haben, noch in weiter Ferne. Aber ich wollte als Boxerin ernst genommen werden und habe zu Gunsten dieses Sports auf viel verzichtet. Erst mit den Fernsehübertragungen kam meine Chance. Sechs Millionen haben meinen Kampf 2003 gegen Cathy Brown gesehen und davor, beim Kampf gegen Nadja Loritz, waren es immerhin auch schon 5,2 Millionen. Jetzt erst weiß ich, wofür ich boxe und dass sich der Aufwand der vergangenen Jahre gelohnt hat.

„Mein Name ist inzwischen ein Begriff geworden. Nicht nur in der Boxszene. Darauf bin ich richtig stolz."“

Regina Halmich

Regina über ihren Erfolg:

An den Erfolg selbst gewöhnt man sich schnell und ich genieße ihn. Dafür trainiere ich hart und gehe im Ring immer bis an meine Leistungsgrenze.

Was sind ihre Pläne für die Zukunft?

Ich habe genau den richtigen Beruf für mich gefunden: Boxen. Was danach kommt? Wer weiß ...! Die Schauspielerei interessiert mich, eventuell arbeite ich aber auch mal als Trainerin. Auf jeden Fall möchte ich noch einmal nach Amerika kommen und dort in den Ring steigen. Aber bislang kam noch kein finanziell rentables Angebot. Wenn ich dort boxe, möchte ich auch mehr verdienen, sonst kann ich gleich zu Hause bleiben.

Im Kampf gegen den Krebs wurde Franziska erwachsen.

„Ich habe den Krebs besiegt."

Franziska Edelmann

Nur dem Zufall hat es Franziska zu verdanken, dass es ihr wieder gut geht. Mit einer Lungenentzündung kam die Schülerin 2001 ins Krankenhaus, wo Ärzte während der Untersuchungen einen bösartigen Lymphdrüsentumor entdeckten. Doch Franziska ließ sich von der niederschmetternden Diagnose Krebs nicht unterkriegen, nahm den Kampf gegen die tückische Krankheit auf – und gewann.

STECKBRIEF

NAME	Franziska Edelmann
GEBOREN AM	29. Juni 1987
GEBOREN IN	Peißenberg / Bayern
AUSBILDUNG	Schülerin am Gymnasium Schongau
MOTTO	„Lebe dein Leben, denn du lebst nur einmal."

Eigentlich sollte es ein super Wochenende werden, auf das sich Franziska schon lange gefreut hatte. Mit einer Jugendgruppe des Bund Naturschutz fährt die damals 13-Jährige im Mai 2001 auf eine Donau-Schlauchbootfahrt nach Niederbayern. Doch statt Spaß und jede Menge Fun mit Freunden zu haben, endet der Ausflug für die Gymnasiastin im Krankenhaus. „Mit Verdacht auf Lungenentzündung bin ich in die Klinik nach Plattling gebracht worden", erinnert sich Franziska an den Beginn eines langen Leidensweges. Während die anderen Jugendlichen die Boote für die Flussfahrt klarmachen, quälen Franziska entsetzliche Schmerzen, „vor allem beim Husten". Franziska glaubt an eine heftige Erkältung – und ist zunächst einfach nur stinksauer: ausgerechnet bei der Bootstour! Deshalb will sie auch nicht wahrhaben, was den Betreuern schnell klar wird: Franziska braucht dringend ärztliche Hilfe. Eine Röntgenaufnahme in der Klinik bestätigt den Verdacht: Lungenentzündung. Doch den Ärzten fällt noch etwas anderes auf. Auf dem rechten Lungenflügel entdecken sie einen undefinierbaren Schatten. Franziska wird nach Hause geschickt, um den beunruhigenden Befund von Spezialisten abklären zu lassen. Eine Ärzte-Odyssee beginnt. In der Lungen- und Bronchialklinik in Gauting bei München finden die Mediziner bei einer Bronchoskopie heraus, dass ein Fremdkörper auf die Lunge drückt. Mit Grausen erinnert sich Franziska an die Untersuchung: „Dabei wurde eine Sonde mit Mini-Kamera in meine Lunge eingeführt. So was möchte ich wirklich nie wieder erleben." An die anschließende Operation, bei dem die Ärzte eine Probe des Fremdkörpers entnehmen und zur genauen Untersuchung in ein Labor schicken, erinnert eine fünf Zentimeter lange Narbe auf Franziskas Dekolletee. Danach wird die 13-Jährige gleich ins Schwabinger Krankenhaus überwiesen. Vielleicht, weil die Mediziner ahnen, wie die Diagnose ausfallen wird. Doch Franziska und ihre Familie müssen sich noch gedulden. Das endgültige Ergebnis mit der niederschmetternden Wahrheit lässt vier Tage auf sich warten. In dieser Zeit begegnet Franziska im Schwabinger Krankenhaus das erste Mal Patienten, die an Krebs leiden und denen von der Chemotherapie die Haare ausgefallen sind. Franziska weiß noch genau, wie sie ihrer Mutter gesagt hat: „Schau dir bloß die mal an. Hoffentlich sehe ich nicht bald auch so aus!"

„Im Nachhinein kommt es mir vor, als hätte ich eine schlimme Grippe gehabt."

Franziska Edelmann

Die bittere Wahrheit

Doch der schlimme Verdacht, gegen den sich Franziska und ihre Eltern wehren, bestätigt sich. „Ich bin in Tränen ausgebrochen, als die Ärzte sagten, dass ich Krebs habe." Trotzdem ist sie sich sicher, dass die Diagnose ihre Eltern und Großeltern viel schlimmer traf. Sie ist schließlich das einzige Kind. Jetzt müssen die Edelmanns erst einmal jede Menge Informationen über die Krankheit ihrer Tochter verdauen. Doch trotz der guten Heilungschancen bei Lymphknotenkrebs, der in der Fachsprache Morbus-Hodgkin-Syndrom genannt wird und vor allem das Immunsystem angreift, bleiben zermürbende Zweifel. Wird es Franziska schaffen? Wird sie überleben? Nur das

WEB TIPP

www.onko-kids.de
Umfangreiches Angebot für krebskranke Kinder und Jugendliche sowie deren Eltern

www.krebs-bei-kindern.de
Internetseite der Münchner Selbsthilfegruppe von Eltern krebskranker Kinder mit Erfahrungsberichten, fachlichen und persönlichen Informationen

Mädchen selbst bleibt erstaunlich gelassen, nachdem sie die Diagnose einigermaßen verkraftet hat. Und das, obwohl eine gefürchtete Chemotherapie auf sie wartet, bei der die bösartigen Krebszellen mit Hilfe eines giftigen Medikamenten-Cocktails zerstört werden sollen. Damit Franziskas Venen bei den vielen notwendigen Injektionen nicht völlig zerstochen werden, beschließen die Ärzte, einen so genannten Port zu legen. Dabei wird eine Art Kunststoffkammer unter die Haut gepflanzt, die Zugang zu einer großen Vene hat. Über einen Katheterschlauch können dann die Zellgifte verabreicht werden. All das erträgt Franziska geduldig und mit viel positiver Energie. „Ich habe immer daran gedacht, dass es Menschen in armen Ländern gibt, denen es viel schlechter geht als mir", erinnert sie sich an ihre Überlebensstrategie.

Franziska bekommt Besuch von einer Freundin.

Ein radikaler Schnitt

Natürlich führt die Chemotherapie auch bei ihr zu den gefürchteten Nebenwirkungen Übelkeit, Erbrechen und Haarausfall. Gleich büschelweise verliert Franziska ihre langen Haare. „Ich habe einfach reingegriffen und hatte die ganze Hand voll. Morgens war mein Kissen auch immer voller Haare", beschreibt Franziska den für jedes normale Mädchen totalen Horror. Doch anstatt zu jammern, entschließt sich Franziska, ihre Haare einfach komplett abzurasieren. Sie weiß noch genau, wie schockiert eine Freundin war, als sie Franziska besucht und das Mädchen zum ersten Mal so sieht. Doch der Besuch bleibt eine Ausnahme. Franziska möchte gar nicht, dass ihre Freunde sie so sehen. Selbst ihren 14. Geburtstag feiert sie allein, weil es ihr wegen der Chemotherapie viel zu schlecht geht. Doch was ihr am meisten zu schaffen macht, ist die Tatsache, dass sie nicht zur Schule gehen kann. Glücklicherweise ist sie Klassenbeste, als ihre Krankheit entdeckt wird. Und in der Klinik wird sie natürlich auch unterrichtet. „Die Kinderkrebsstation ist wirklich super", lobt Franziska. „Ich bin die ganze Zeit bestens betreut worden." Schockierende Erlebnisse gehören trotzdem zum Klinikalltag: „Es war frustrierend mitzuerleben, wie andere vor einer Operation standen, bei der man ihnen ein Bein abnehmen musste." Doch sie ist ehrlich genug zuzugeben, dass ihr das Leid der anderen auch ein Stück Kraft gegeben hat. „Das hört sich vielleicht zynisch an, aber bei diesen Schicksalen habe ich immer gemerkt, wie vergleichsweise glimpflich ich noch davongekommen bin", erklärt sie ihre Gedanken, über die sie so manches Mal selbst erschrocken war.

Rezepte der ganz anderen Art

„Das Schlimmste war für mich, dass ich nicht in die Schule gehen durfte."

Franziska Edelmann

Die Familie tut alles, was in ihrer Macht steht, um Franziska dabei zu helfen, ihre Krankheit zu überwinden. „Meine Oma hat immer für mich gekocht, weil ich das Krankenhausessen nicht mochte", erzählt Franziska. Weil alles steril sein musste, um ihr geschwächtes Immunsystem nicht zu gefährden, fährt die Großmutter bis zu dreimal wöchentlich die gut 100 Kilometer von Hohenpeißenberg nach München, um in der Klinikküche die Lieblingsgerichte ihrer Enkelin zuzubereiten. „Ich musste einfach nur zu Hause anrufen und sagen, was ich gerne essen möchte", lacht Franziska und fügt gleich darauf ernst hinzu: „Allein schon wegen der Mühe, die meine Oma auf sich genommen hat, habe ich mich verpflichtet gefühlt, wieder gesund zu werden." Und das hat Franziska auch geschafft. Nach vier Blöcken Chemotherapie kann sie im Oktober das Krankenhaus verlassen. Natürlich halten sich die Ärzte noch zurück, Franziska als geheilt zu bezeichnen. Denn in den nächsten acht Jahren ist das Risiko, dass der Krebs zurückkommen kann, nicht ganz gebannt. Deshalb muss sie alle drei Monate zur Kontrolle. „Das ist jedes Mal

„Gedanken an den Tod habe ich verdrängt. Ich war immer sicher, dass alles gut wird."

Franziska Edelmann

KREBS BEI KINDERN

Kinder und Jugendliche erkranken relativ selten an Krebs. Trotzdem stellt man allein in Deutschland bei etwa 1700 bis 1800 Kindern und Jugendlichen unter 15 Jahren Krebs fest. Dass das kein Todesurteil sein muss, beweisen die Erfolge der Mediziner bei der Behandlung von krebskranken Kindern. Bei manchen Krebsarten wie der gefürchteten Leukämie besteht im jugendlichen Alter eine Heilungschance von bis zu 90 Prozent. Trotz günstiger Prognosen benötigen betroffene Familien nicht nur medizinische, sondern auch psychosoziale Betreuung. So gibt es auf jeder Kinderkrebsstation auch einen Psychologen, der Eltern und Kindern jederzeit für Gespräche zur Verfügung steht. Außerdem versucht das speziell geschulte Krankenhauspersonal, den Kindern den Klinik-Alltag so angenehm wie möglich zu machen. Für die Kleinen steht ein Kindergarten zur Verfügung, die Älteren bekommen Unterricht, um nicht zu viel in der Schule zu versäumen. Angehörige dürfen natürlich jederzeit zu ihren Kindern. Oftmals wird auch versucht, den Kindern einen Klinikaufenthalt zu ersparen. Wer die Chemotherapie gut verträgt, kann auch in so genannten Tageskliniken ambulant behandelt werden. Das bedeutet, dass die Kinder über Nacht und am Wochenende in ihrer vertrauten Umgebung bleiben können. Das Internet bietet Betroffenen zahlreiche Möglichkeiten, sich über ihre Situation auszutauschen und sich Unterstützung und Informationen zu holen. Auf speziellen Seiten können Kinder ihre Erlebnisse schildern oder im Chat Kontakte zu anderen Kindern knüpfen. Eltern finden zahlreiches Informationsmaterial und in eigens eingerichteten Foren haben sie die Möglichkeit, sich auszutauschen.

eine ganz schöne Zitterpartie", beschreibt Franziska diese Untersuchungen. Doch was jetzt viel mehr zählt, ist, dass sie wieder zur Schule gehen kann und mit ihren Freunden zusammen sein darf. Und dass sie sich verliebt hat. Dass ihr Freund schon 21 Jahre alt ist und studiert, stört dabei wenig, denn Franziska ist sich sicher: „Die Krankheit hat mich erwachsen

gemacht." Und so genießt sie es, mit ihm über Dinge reden zu können, bei denen es Gleichaltrigen ihrer Meinung nach einfach an Lebenserfahrung mangelt.
Nicht nur Franziska, auch ihre Familie hat den Schicksalsschlag weitgehend verarbeitet. Franziska weiß, dass ihre Eltern vor allem Halt in einer Elterninitiative für krebskranke Kinder gefunden haben. Auf der Internetseite der Initiative können betroffene Eltern und Kinder ihre Erfahrungen niederschreiben.

Franzi, das Straußenkind

Auch Franziskas Vater Franz hat sich für diese Form der Verarbeitung entschieden und eine rührende Geschichte verfasst. In „Franzi, das Straußenkind" beschreibt er, wie sich ein Vogelkind in große Gefahr begibt und von einem hungrigen Löwen bedroht wird. Doch das Straußenkind ist stark, clever, hat zudem großes Glück und dazu eine wertvolle Erfahrung gemacht. Mit Hilfe seiner geschärften Intuition hat es ein Gespür für drohende Gefahren und kann sich rechtzeitig in Sicherheit bringen. Franziska findet sich in dem kleinen Straußenkind wieder, denn sie glaubt, dass auch sie durch ihre Krankheit viel mehr auf sich und ihren Körper hört. Sie beobachtet sich genauer und nimmt die Warnsignale ernst, die ihr anzeigen, dass sie sich nach Stresszeiten etwas mehr Ruhe gönnen sollte.

Franziska nach den ganzen Strapazen mit ihrem Freund

„Ich achte einfach stärker auf mich und lasse mich nicht mehr so leicht von außen unter Druck setzen", bestätigt sie. Eine Gabe, die ihr auch ein Stück weit Gelassenheit gibt beim Umgang mit der ständigen Bedrohung, dass der Krebs zurückkehren könnte. „Ich weiß, dass ich es spüren würde, wenn etwas mit mir nicht stimmt. Ich habe es auch damals gespürt, als die Diagnose gestellt worden ist. Nur wollte ich es eben nicht wahrhaben. Aber das passiert nie wieder."

Geschäftstüchtig und idealistisch: Claudia Langer

Kreativ zur großen Karriere

Claudia Langer

Als Kind wollte Claudia Langer gern Papst werden, weil sie dachte, das sei der einzige Beruf, „in dem man die Welt verändern kann“. Und weil das nun einmal nicht möglich war, versuchte sich die Münchnerin schon als Jugendliche auf anderen Gebieten, organisierte Partys, Konzerte und leitete eine Jugendgruppe. Ihre Power ließ auch mit dem Abitur nicht nach. Gerade einmal 19 Jahre alt, gründete sie eine eigene Firma, um eine Alternativmesse für junge, unbekannte Modedesigner ins Leben zu rufen. Was folgte, ist eine Bilderbuch-Karriere mit einer eigenen, international bekannten Werbeagentur und coolen Kampagnen. Ein schneller Aufstieg, bei dem es Claudia Langer das eine oder andere Mal schwer fiel, nicht abzuheben. Trotz aller Erfolge und Spaß am Job tauschte sie ihre Karriere gegen die Erziehung ihrer Kinder ein, die sie zurzeit als ihre größte Herausforderung ansieht.

STECKBRIEF

NAME	Claudia Langer
GEBOREN AM	31. Mai 1965
GEBOREN IN	München
AUSBILDUNG	Abitur, Studium an der Bayerischen Akademie für Werbung
BERUF	Inhaberin einer Werbeagentur
MOTTO	„Hab Geduld: Alle Dinge sind schwer, bevor sie einfach werden.“

Wie hat Ihre Karriere als Power-Frau begonnen?

Angefangen hat alles damit, dass ich schon als Kind nie still sitzen konnte. In der Schule habe ich mich immer gelangweilt und viel Zeit für meine „Flausen“ gehabt. So war ich schon mit zwölf Stadtteil-Korrespondentin einer Münchner Kinderzeitung. Mit 13 habe ich Museumsführungen gemacht. Weil ich von Kunst keine Ahnung hatte, musste ich oft ganz schön bluffen und habe so auf ganz spielerische Art meine erste Lektion im Präsentieren gelernt. Mit 14 wurde ich Leiterin einer kirchlichen Jugendgruppe. Die Arbeit mit den Kindern hat irre Spaß gemacht. Mit 16 habe ich das erste Mal ein wirklich großes Ding gedreht und zusammen mit ein paar Gleichgesinnten ein zweiwöchiges Kulturfestival im Münchner Osten organisiert. Mit 17 veranstalteten dann ein Freund und ich unter dem Label „Powerconcerts“ Konzerte auf eigene Rechnung. Als ich 19 war, etwa ein halbes Jahr vor meinem Abitur, habe ich mich hinreißen lassen, mit zwei Partnern eine Modemesse für junge Avantgarde-Designer zu gründen. Die erste Modemesse fand im März statt. Im Mai habe ich Abitur gemacht. Während dieser Zeit bin ich von 8 bis 13 Uhr in die Schule gegangen, habe meine Hausaufgaben in der U-Bahn gemacht, ab 14 Uhr im Büro gearbeitet und um ein Uhr die letzte U-Bahn nach Hause genommen. Um zwei Uhr lag ich dann total erschöpft im Bett.

„‚Just do it.‘ Es gibt keinen, der es für dich tut, und du wirst dich wundern, was du erreichen kannst, wenn du es wirklich von ganzem Herzen willst.“

Claudia Langer

SO KOMMST DU IN DIE WERBUNG

Jobs in der Werbung sind heiß begehrt. Der Weg dorthin ist jedoch ganz klassisch und beginnt meist mit einem Praktikum in einer Werbeagentur. Beim Durchlaufen der einzelnen Abteilungen merkst du schnell, ob du dir lieber freche Texte und Konzepte ausdenkst oder dich in der grafischen Abteilung austoben willst. Dort lernst du unter anderem, die Ideen der Art-Direktoren optisch am Computer umzusetzen. Nach dem Praktikum hast du die Möglichkeit, deine Ausbildung an einer der zahlreichen Werbeakademien fortzusetzen (Infos über das zuständige Arbeitsamt). Dort gibt es verschiedene Studiengänge, mit denen du einen Abschluss als Kommunikationswirtin oder Medienberaterin machen kannst. Werbeagenturen bilden aber auch selber aus. Mögliche Berufe: Event-Managerin. In diesem Fall kümmerst du dich um die Organisation von Festen und Veranstaltungen. Oder du lernst Werbekauffrau und bist später einmal für Buchhaltung und Büroorganisation verantwortlich. Wer sich schon während des Praktikums engagiert zeigt, kann auch den Direkteinstieg wagen und sich in den verschiedenen Abteilungen als Junior-Kontakter, Junior-Texter oder Junior-Art-Direktor ausbilden lassen.

WEB TIPP

www.start.ag
Website von Claudia Langers Werbeagentur

Und am nächsten Tag ging das Ganze wieder von vorne los. Obwohl ich nie eine gute Schülerin war, habe ich trotz all dieser Aufregungen ein ganz passables Abitur geschafft. Leider waren die Avantgarde-Modemessen zwar beim Publikum ein Riesenerfolg, wirtschaftlich gesehen aber ein totaler Misserfolg. Wir hatten lange Zeit schreckliche Angst, dass uns die Bank den „Hahn abdrehen" könnte.

Wie sind Sie in die Werbung gekommen?

Mit 25 waren eine Trennung und der dazugehörige Liebeskummer Auslöser dafür, dass ich den Mut hatte, mir zwei Träume zu erfüllen. Der erste bestand darin, einmal in New York zu leben, der zweite, an einem Platz zu arbeiten, wo mich keiner kennt und ich mich noch einmal ganz „von unten hocharbeiten" und bewähren muss. Durch die Avantgarde war ich häufig in der Presse und wurde zum „Wirtschaftswunderkind" hochstilisiert. Das war nicht einfach, weil ich einen starken Erfolgsdruck spürte und oft Angst hatte, die Erwartungen nicht erfüllen zu können. Also habe ich in New York ein Praktikum in einer wunderbaren Werbeagentur angefangen und dort all das gemacht, was Praktikanten eben machen müssen. Das war schon hart am Anfang, aber als ich merkte, dass mir innerhalb kurzer Zeit immer spannendere Dinge übertragen wurden und ich mich als Praktikantin ohne Vorgeschichte bewähren konnte, hat mir das viel Selbstvertrauen gegeben. Und mir Mut gemacht, den nächsten Schritt zu gehen und mit meinem Freund Gregor Wöltje die Werbeagentur „.start" zu gründen. Das war nicht einfach, weil wir von Werbung offen gestanden ziemlich wenig Ahnung hatten. 1998 habe ich nach acht Jahren gemeinsamer Liebes-, Lebens-, Abenteuer-Achterbahnfahrt Gregor Wöltje geheiratet. Das war ein ganz großer Moment in meinem Leben. 1999 kam dann Max zur Welt und kurze Zeit später, im Jahr 2000, meine Tochter Lilli. Ich hatte mich schon vor der Geburt meines ersten Kindes weitgehend aus dem Tagesgeschäft der Agentur zurückgezogen, um wirklich für die Kinder da zu sein.

Womit beschäftigen Sie sich heute?

Heute beschäftige ich mich vor allen Dingen mit meinen Kindern und unserem Familienleben. Die Kinder machen mir unglaublichen Spaß und ich kann viele Dinge mit ihnen noch mal erleben oder auch neu entdecken. Eltern sein ist ja ein ungelernter Beruf: Man stolpert von Tag zu Tag in vollkommen unbekannte Situationen. Nachdem ich in der Werbung zunehmend das Gefühl hatte, nicht mehr viel dazuzulernen, bin ich jetzt wieder in der aufregenden Situation, jeden Tag vor neue, oft lustige, aber auch strapaziöse Situationen gestellt zu werden und darauf Antworten finden zu müssen. Dieses Vergnügen will ich im Moment voll und ganz auskosten. Da ich aber eine „Serientäterin" bin, gehe ich mal davon aus, dass ich irgendwann wieder von vorn anfange und eine Firma gründe. Denn auch das macht mir unvorstellbar viel Spaß.

Gab es bei diesem Leben mit Karriere auf der Überholspur auch Widerstände?

Oh je, oh je, das ist wirklich eine schwierige Frage. Ich glaube, es hat alles damit angefangen, dass ich schon als Kind ein wirklich schrecklicher Trotzkopf war und es nie ertragen konnte, wenn Leute sagten, „das geht nicht", ohne es wirklich bis zum Äußersten versucht zu haben. Ich war und bin der neugierigste Mensch, den ich kenne. Und meine Neugier hat mich immer weitergebracht, auch wenn ich mir dabei das eine oder andere Mal ordentlich die Finger verbrannt habe. Und ich war nicht nur neugierig, sondern noch dazu wissbegierig; ich wollte lernen, ich wollte Neues erleben und das Leben auskosten. Als ich jung war, hatte ich sehr wenige Vorbilder – die habe ich erst später kennen gelernt. Deshalb musste und konnte ich meinen eigenen Weg gehen. Widerstände haben mich dabei eigentlich immer nur angespornt. So gesehen, waren die wirklich unerträglichen Lehrer eine gute Übung für meine berufliche Karriere, denn auch da gab es erhebliche Widerstände zu überwinden.

„Obwohl ich nie eine gute Schülerin war, habe ich trotz all dieser Aufregungen ein ganz passables Abitur geschafft. Das lag aber sicher im Wesentlichen daran, dass ich alle schlimmen Fächer wie Mathe, Physik, Chemie, Französisch und Latein abgewählt hatte."

Claudia Langer

Wer und was hat Ihnen geholfen?

Ich bin nie ein Einzelkämpfer gewesen, sondern habe alles gemeinsam mit anderen Menschen gemacht. Meistens konnten sie die Dinge viel besser als ich und so habe ich mir viel von ihnen abschauen können. Ich habe die Erfahreneren ausgefragt, ja regelrecht „ausgesaugt". Ich habe mir von ihnen Rat geholt, mir ihre Kritik angehört und mir dann einen eigenen Weg gesucht. Es gibt kein besseres Coaching im Leben als das Feedback von den Leuten, mit denen man Tag für Tag zusammenarbeitet. Ihnen und ihrer konstruktiven Kritik und Aufmunterung verdanke ich wirklich alles. Und ich hoffe, dass sie das wissen. Privat hat es mir sicher sehr geholfen, dass ich aus einer ziemlich bodenständigen Familie komme und immer tolle Freunde hatte.

Woher beziehen Sie Ihre Energie?

Meine Kraft ist mir wohl in die Wiege gelegt worden, denn auch meine Eltern haben davon jede Menge.

„Von Werbung hatten wir keine Ahnung. Aber wir waren trotzdem davon überzeugt, dass wir es besser machen können als die anderen."

Claudia Langer

Als Werberin ist ein Gespür für Trends wichtig. Waren Sie in Ihrer Jugend schon immer „trendy" und hatten ein Gespür für den Zeitgeist?

Nein, ganz im Gegenteil – weder in meiner Jugend noch jetzt. Trends haben mich nie sehr interessiert, weil ich immer Leute kannte, die viel mehr davon verstehen und die ich fragen konnte. Für einen guten Werber oder auch einen guten Unternehmer ist es meiner Meinung nach ohnehin nicht so wichtig, alle Trends zu kennen. Aber es ist wichtig, ein gutes Gespür dafür zu haben, welche Trends relevant werden könnten, einfach deshalb, weil sie die Menschen berühren. Und ich glaube, dieses Gespür habe ich. Und wenn ich ganz ehrlich sein soll, dann war es in meinem Job eher ein Vorteil, dass ich im Erkennen von Trends meistens sagenhaft spät dran war: Die unwichtigen Trends waren dann nämlich schon lange wieder vom Markt und die wichtigen hatten klare Formen angenommen, die wir dann umsetzen konnten.

Ist Selbstbewusstsein eine der wichtigsten Eigenschaften, um Lebensziele umzusetzen? Und ist Ihnen diese positive Grundeinstellung schon in die Wiege gelegt worden?

Also, das sehe ich ganz und gar nicht so. Natürlich habe ich mittlerweile ein ganz gutes „Ich-Gefühl", aber ich kann nicht sagen, dass ich als besonders selbstbewusster Mensch mit einer unglaublich positiven Grundeinstellung und einem guten „Ich-Gefühl" groß geworden bin. Das ist nicht der Grund, warum ich Karriere gemacht habe. Eigentlich war es genau andersherum, ich hatte als Jugendliche und junge Erwachsene eigentlich so gut wie gar kein Selbstbewusstsein. Das habe ich dann geschickt überspielt, indem ich mir immer wieder Umgebungen geschaffen habe, in die ich gepasst habe. Oder in denen immer so viel los war, dass ich wenig Zeit hatte, meine Unsicherheit wahrzunehmen. Es hat lange gedauert, bis ich Vertrauen in mich und meine Fähigkeiten entwickelt habe.

„Ich habe als Kind immer wieder Sätze gehört wie ‚Man darf vom Leben nicht zu viel erwarten' und konnte das nicht verstehen. Ich wollte vom Leben zu viel erwarten und lieber die eine oder andere Enttäuschung erleben, als es nicht versucht zu haben."

Claudia Langer

Es gibt immer wieder Zeiten, in denen nicht alles nach Plan läuft. Wie bewältigen Sie Krisen, ohne das Handtuch zu werfen?

Krisen nehme ich meistens sportlich. Oft suche ich mir dann ganz einfach Nestwärme, egal ob das im Beruf ist oder privat. Meine schlimmsten Niederlagen sind ohnehin privat. Im Moment entwickeln meine Kinder in einer erschreckenden Geschwindigkeit ihren eigenen Willen. Man glaubt gar nicht, wie schnell ich renne und Eis kaufe, wenn sie vorzugsweise in Hotel-Lobbys oder auf öffentlichen Veranstaltungen eine ungeheuer erpresserische Energie entfalten und ihre Wutanfälle bekommen.

Welche Chancen sollten jungen Mädchen gegeben werden, um Karriere und Kinder miteinander vereinbaren zu können?

Ich glaube nicht daran, dass einem Chancen gegeben werden. Ich bin vielmehr der Ansicht, dass sich die Frauen ihre Chancen selber schaffen müssen. Das ist anstrengend, aber es geht und macht Spaß. Einen guten

„Wenn ich eine Idee hatte, habe ich Zweifler und Pessimisten einfach ignoriert. Und dann ist es auch meistens etwas geworden."

Claudia Langer

Rat für eine erfolgreiche Balance zwischen Beruf und Privat habe ich nicht, weil ich da in der einen oder anderen Hinsicht selbst schon viel zu oft ins Straucheln gekommen bin. Jeder erlebt die Dinge anders, muss seinen eigenen Weg finden und diesen Spagat Tag für Tag neu hinbekommen. Ich weiß nur eines: Die Kinder haben mein Leben so reich und schön gemacht, dass sich wirklich alles dafür rentiert.

Wie schafft man es, sein Berufsziel zu verfolgen, ohne frustriert auf der Strecke zu bleiben?

Auf diese Frage habe ich nur eine Antwort: Ausprobieren. Scheitern. Ausprobieren. Scheitern. Noch mal versuchen. Hinfallen. Aufstehen. Und mit ein bisschen Glück ein Tor schießen. Ein Motto, das eigentlich immer gilt, ganz besonders aber in wirtschaftlich schlechten Zeiten.

Kreatives Potenzial ist wichtig, auch um den Lebensweg den eigenen Bedürfnissen immer wieder neu anzupassen. Steht das nicht im Widerspruch zu Prinzipien?

Also diese Frage zu beantworten, fällt mir wirklich ganz leicht. Natürlich sind bestimmte Leitlinien wichtig. Ich habe im Leben immer feste Prinzipien gehabt, und zwar genau so lange, bis ich neue Prinzipien besser fand. Wenn es so weit war, habe ich meine Prinzipien eben ganz einfach ausgetauscht. Das ist etwas, das ich wirklich jedem empfehlen kann.

Sie haben sich einmal als Selfmade-Frau bezeichnet. Was verstehen Sie darunter?

Habe ich mich jemals so bezeichnet? Ich kann mich jetzt gar nicht mehr daran erinnern. Wenn ich das gesagt habe, dann habe ich damit sicher gemeint, dass ich im tiefsten Inneren meines Wesens Unternehmerin bin. Ich hatte und habe einen kaum zu bändigenden Gestaltungswillen, wenn es darum geht, viele meiner oder unserer Ideen genau so umzusetzen, wie wir uns das erträumt haben.

WENN DER BOSS EINE FRAU IST

Noch sind die Führungsetagen großer Firmen fest in Männerhand. Laut dem Bundesministerium für Familie, Jugend und Frauen in Berlin sind nur 13 Prozent aller deutschen Chefsessel von Frauen besetzt wie zum Beispiel das Wattenscheider Bekleidungsunternehmen Steilmann, das von Britta Steilmann geleitet wird. Nach Einschätzung von Wirtschaftsberatern liegt das hauptsächlich daran, dass Frauen ihren Berufsweg weniger energisch planen. Häufig entscheiden sie sich zu Gunsten des Partners gegen eine eigene berufliche Karriere, um sich der Kindererziehung zu widmen. In den USA dagegen haben Managerinnen inzwischen beinahe die Hälfte der Chefsessel erobert. Auch in Europa steigen die Chancen: Nicht nur der Mangel an Fachkräften kommt Frauen zugute, sondern auch ihr hohes Maß an Flexibilität und Einfühlungsvermögen – Schlüsselqualifikationen, die auf einem globalisierten Weltmarkt immer wichtiger werden. Österreich geht als gutes Beispiel voran – immerhin ein Drittel aller Chefs in kleinen und mittelständischen Unternehmen sind dort bereits weiblich. So wie Heidegunde Senger-Weiss, die die Geschicke des internationalen Transportunternehmens „Gebrüder Weiss“ steuert. Oder Ingeborg Freudenthaler, die einen Entsorgungsbetrieb zum erfolgreichsten österreichischen Familienunternehmen gemacht hat. Oder aber Angelika Kresch, die mit ihrer Firma an der Weltspitze der Auspuff-Industrie steht.

Wie schaffen Sie es, mit den Kindern nach wie vor kreativ zu sein? Woher nehmen Sie die Zeit?

Im normalen Familienalltag bleibt wirklich nur ganz wenig Zeit für einen selbst. Kreativität ist für mich aber keine Zeitfrage. Die meisten meiner Einfälle kommen mir sowieso im Gespräch mit anderen oder aber im Traum. Die besten Ideen entstehen immer noch an so verrückten Orten wie in einer Warteschlange, im Taxi oder auf der Toilette. Außerdem ist das Leben mit Kindern sowieso schon eine ungeheure Inspiration und eine gute Quelle für Kreativität.

Bildnachweis

akg-images / Brigitte Hellgoth: S. 107
Leonardo Bezzola: S. 108
Corbis: S. 28 u. Umschlag hinten, 52, 56, 60 u. Umschlag vorne, 82, 97, 98, 106 u. Umschlag vorne, 134, 139
dpa-Bilderdienste: S. 10, 44, 59 u. Umschlag vorne, 74, 140 u. Umschlag vorne, 145
Franziska Edelmann: S. 146, 148, 151
Henry J. Fair: S. 88, 91 u. Umschlag hinten
B. Fath: S. 34, 36, 39
Mike Fröhling: S. 14
Zümrüt Gülbay: S. 17
Steffi Halm: S. 48, 50
Catherina Hess: S. 100 u. Umschlag vorne, 105
interTOPICS: S. 6 u. Umschlag vorne, 9, 33, 77 u. Umschlag vorne, 94 u. Umschlag vorne
Maria Jepsen: S. 114, 116
Paul Kronenberg: S. 20, 25, 27
Claudia Langer: S. 152
MTV: S. 70, 73
NIKE: S. 128, 131, 133
Reuters/E-Lance Media: S. 30, 42, 47, 87
Schneekluth Verlag, München (c) 1998: S. 80
Anja Steinhauer: S. 111
Bettina Wobig: S. 122, 125, 126